Günter Lechner

Die Freiheit ruft Deinen Namen

[handschriftliche Widmung:]

Liebe Annaliese!
Folge der Ruf Deine
inner Stimme.
Alles Gute,
G. L. Lechner
04/2010

ISBN: 978-3-200-06463-8

© by Günter Lechner, Obertrum am See
Gestaltung und Illustrationen: Günter Lechner
Fotos: Hannelore Kircher, Günter Lechner
Druck: HS-DRUCK

www.diefreiheitruftdeinennamen.at

Die Freiheit ruft Deinen Namen

Persönlichkeitsentwicklung, Motivation und neue Lebensorientierung

Open Mind und freier Geist für Deinen Erfolg.

Du hast es verdient, glücklich und erfolgreich zu sein.

Klare Gedanken für Körperliche und Geistige Freiheit.

Schön, dass Du dieses Buch in Händen hältst.

Das Sprichwort „Jeder ist seines Glückes Schmied." begleitet mich seit Kindesbeinen an. Generationen zuvor waren Schmiedemeister in meiner Familie.

Ich arbeite seit vielen Jahren als Referent und Seminarleiter im Bereich der Erwachsenenbildung sowie als selbstständiger Unternehmensberater im Coach-Consulting für Unternehmer/innen und Menschen, die in ihrem Leben weiterkommen wollen.

Meine Arbeit sehe ich als Schmied im digitalen Zeitalter. Mein Großvater hat Pferde beschlagen und stumpfes Werkzeug geschärft, ich schärfe Persönlichkeits- und Unternehmensprofile. Das Ergebnis ist dasselbe, nur auf die schnelllebige Welt und die Always-on-Gesellschaft entsprechend angepasst.

Wie sagte Norman Mailer so treffend: „Im Leben kommt es darauf an, Hammer oder Amboss zu sein – aber niemals das Material dazwischen."

Die Freiheit ruft Deinen Namen, Du kannst entscheiden, wie Du Dein Leben gestaltest und umsetzt.

Mit den besten Wünschen und Grüßen,
Günter Lechner

Kapitelübersicht

Kapitel 1 - Warum dieses Buch?

Weg mit dem Nebel, her mit klarer Sicht.

„Hallo ...., ich bin´s, deine Freiheit" Komm, ich kenne einen Weg, der Dich in ein Leben voller Klarheit und gedanklicher Freiheit führt. Ja, Du hörst richtig, klare Gedanken und einen freien Geist. Lass Dich nicht knebeln und einschränken.

Du hast so viel Potential, das entfaltet werden will. Du bist Dir nicht sicher, aber beim Schmetterling ist es gleich, der sich von der Raupe zum schönen und fliegenden Falter entwickelt. Der Schmetterling wächst im Kokon bei Dunkelheit und eingeschränktem Raum heran. Er wächst stetig, bis der Platz immer enger und enger wird. Es entsteht ein Druck, gefühlt muss er wie eine Presse für ihn sein. Aber der Druck wirkt nicht von außen nach innen. Nein, der Druck entsteht durch die Raupe, die ins Leben fliegen und sich entwickeln möchte. Das Leben entsteht von innen nach außen. Es ist der innere Drang in die Freiheit zu wollen.

Durch zahlreiche Seminare als Seminarleiter, Coachings und durch viele Persönlichkeitsworkshops (Gesundheit und Persönlichkeitsentwicklung) sowie durch eigene Erfahrungen ist mir bewusst geworden, dass es immer wieder ähnliche Gründe dafür gibt, sich selbst einzuschränken und sein Potential nicht auszuschöpfen.

Mit diesem Buch möchte ich Dir helfen, Dich in Deinem Lebens-Kokon zu entwickeln. Der Druck der Veränderung wird höher werden, aber wie der Schmetterling wirst Du Dich dadurch entfalten und in DEIN Leben fliegen.

Die Freiheit ruft Deinen Namen, folge ihr!

„Wenn ein Löffelchen voll Zucker,
das bittere Leben versüsst ...!"

Kapitel 2 - Dreieck des Lebens (SEIN)

Du brauchst sicherlich keine Erlaubnis, um Dein Leben zu ändern. Du musst einfach den ersten Schritt machen. Oftmals ist genau dieser erste Schritt der schwierigste, doch möchtest Du ein Leben lang daran zurückdenken: „Was wäre, wenn ich damals dem Ruf der Freiheit gefolgt wäre?" Du solltest Dein Leben stets so leben wie Du es Dir immer erträumt hast. Wie sagte es schon Pippi Langstrumpf so treffend: „Ich mach mir die Welt, wie sie mir gefällt". Hab Mut zur Veränderung. Unser Leben besteht aus einem Dreieck, das uns stets begleitet.

- **die persönliche Ebene (ICH)**
- **die berufliche Ebene (ARBEIT)**
- **die private Ebene (FAMILIE, FREUNDE)**

Das Dreieck des Lebens ist eine Gliederung unseres Seins. Lebe Dein Leben im Hier und Jetzt, denn Du hast nur ein Leben. Jeder Bereich wirkt auf den anderen ein. Das Dreieck des Lebens spiegelt das Zusammenspiel unseres Wirkens wider.

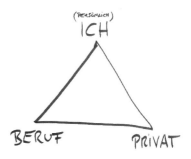

11

Die persönliche Ebene (Ich)

Die persönliche Ebene hat absolut nichts mit anderen Menschen zu tun. Hier geht es einzig und allein nur um Dich. Du bist wertvoll und solltest ein solches Gefühl jeden Tag leben. Gehe mit Dir und Deinem Körper, aber auch mit Deinen Wünschen und Bedürfnissen so um, wie Du es Dir wünschst.

Stelle Dir folgende Fragen:

- Gehst Du respektvoll mit Dir um?
- Pflegst Du stets Deinen Körper und Geist?
- Ernährst Du Dich gesund?
- Bildest Du Dich stetig weiter?
- Treibst Du regelmäßig Sport?
- Gönnst Du Dir Ruhephasen?

Beantworte für Dich selbst die Frage, ob Du eher der Mensch bist, der es allen anderen recht machen möchte und sich dabei vergisst oder gehörst Du zu den Menschen, die auf sich selbst fokussiert sind?

Die persönliche Dimension hat nichts mit anderen zu tun, es geht hier ausschließlich um Dich, um Dein Denken und Handeln mit Dir selbst. Es geht darum, wie Du mit Dir selbst umgehst und wie Du Dich wahrnimmst. Vergleiche Dich niemals mit anderen. Vergleichen verhindert das eigene Glück. Du entscheidest wie der Rahmen aussieht. Du entscheidest was Du sein möchtest. Wichtig dabei ist, dass Deine Entscheidungen frei von Ängsten und Zweifel sind. Hör auf Dein Herz, Dein Gefühl und auf Deine innere Stimme. Du kennst sicherlich den Zustand, dass das Herz etwas anderes sagt als der Verstand. Du solltest hier nicht immer auf Deinen Verstand hören, sondern eher auf Deine innere Stimme. Gehe den Weg so, dass Du glücklich bist, auch wenn Du ab und an mal auf Widerstand stoßen solltest. Wenn Du Dich änderst, ändert sich dein Umfeld! Du wirst merken, dass Du Dich mit der Zeit besser fühlst. Du wirst merken, wer Du wirklich bist und was Du von Deinem Leben erwarten kannst und möchtest. Die Freiheit ruft Deinen Namen, doch Du musst den Weg gehen.

Du wirst jetzt sicher lachen, wenn mir zu diesem Thema eine Geschichte von Mitch Buchannon, der Typ von Baywatch–Die Rettungsschwimmer von Malibu, einfällt. In einer Szene spricht er zu seinen Rettungsschwimmern bei einem Sicherheitsseminar über das Retten von zu ertrinken drohenden Menschen. Er fragte: „Was macht ihr, wenn eine Frau vom Pier (Steg) ins Wasser fällt und zwischen die Pfeiler getrieben wird. Du springst nach und fasst sie mit dem Rettungsgriff und der Boje in der Hand. Die wilde Strömung peitscht dich und die Frau immer näher an die Pfeiler. Was machst du, wenn euch beide die Strömung an den Pfeiler schleudert, schützt du die Frau oder dich vor dem Pfeiler?" Nach einer kurzen Denkpause antwortet ein eifriger und gutaussehender Rettungsschwimmer: „Als Rettungsschwimmer musst du die zu rettende Person schützen." Was sagt der großartige Mitch? „Nein! Wenn ihr an den Pfeiler geschleudert werdet, dann musst du dich schützen, sonst ertrinkt ihr beide!" Jaja, der Mitch, der weiß etwas so Wichtiges! Was ich Dir mit dieser Geschichte sagen möchte ist, wenn Du Dich nicht schützt und nicht in der Kraft bleibst, dann kannst Du anderen nicht helfen und für andere nicht da sein. Ob das die Familie ist, ob es Freunde sind oder Kolleginnen und Kollegen. Bleib in der Kraft und schaue auf Dich!

Stell Dir die Frage, wie Dein persönlicher Bereich aktuell aussieht.
- Ernährung
- Bewegung / Sport / Fitness
- Körperpflege
- Bücher / Fortbildungsseminare
- Ruhe- und Erholungsphasen

Sei ehrlich und beantworte für Dich die Fragen, ob Du in jedem Bereich etwas für Dich tust, ob Du Deine eigenen Wünsche berücksichtigst. Du kannst 100% für Dich geben, schreibe auf, in welchem Bereich Du wie viel Zeit für Dich persönlich investierst.

Ernährung _____

Bewegung _____

Körperpflege _____

Bücher_____

Fortbildungsseminare_____

Ruhe- und Erholungsphasen_____

Sei bei der Angabe ehrlich zu Dir selbst. Denke immer daran, Du brauchst von niemandem eine Erlaubnis, um Dein Leben zu verändern. Zahlreiche Gegebenheiten nehmen wir als selbstverständlich hin, doch sie sind es nicht. Ein Beispiel hierfür ist unsere Gesundheit. „Das ist halt so!" oder „Das bringt das Alter so mit sich!" Wir sollten für alle Dinge, die unser Leben positiv verändern, dankbar sein, denn wir wissen nicht, wie lange wir von diesen Gegebenheiten einen Nutzen ziehen können. Daher ist es so wichtig, dass Du an Dich und Deine Wünsche denkst und Dir diese auch erfüllst. Der Weg kann schon mal lang und beschwerlich sein, doch hast Du die Hürden überwunden, wirst Du Dich richtig gut fühlen. Welche Wünsche hast Du in Deinem Leben? Gibt es bestimmte Dinge, die für Dich Freiheit bedeuten? Möchtest Du ein eigenes Unternehmen gründen oder möchtest Du eine Weltreise machen? Warum hast Du dies noch nicht gemacht? Ich möchte, dass Du Deine Wünsche aufschreibst, genau die Wünsche, die für Dich momentan unerreichbar scheinen.

1.   Wunsch:_____

2.   Wunsch:_____

3.   Wunsch:_____

4.   Wunsch:_____

5.   Wunsch:_____

Du kannst diese Liste nach Belieben erweitern. Schreibe alle Deine Wünsche und Träume auf, und bist Du einmal unsicher oder hast Du den Gedanken an diese bereits wieder verdrängt, so schau Dir Deine Liste an.

Du kannst auch ohne Geld oder Hilfe die Chance zu einer Veränderung wahrnehmen. Der Weg ist eventuell etwas beschwerlicher, aber niemals unmöglich, solange Du an Deinem Traum festhältst.

Ein Beispiel wäre hier die eigene Arbeit. Ein Job ist nur dann gewöhnlich, wenn wir ihn gewöhnlich werden lassen. Viele Menschen gehen einfach nur zur Arbeit, weil sich dies gehört oder weil sie Geld verdienen müssen. Warum nicht aus seinem Job etwas ganz Besonderes machen? Warum nicht seinem Traumjob nachgehen? Das ist nicht möglich, weil…….. Weil Du Dir selbst Steine in den Weg legst? Weil Du den Mut zur Veränderung nicht hast? Weil Du Angst vor dem Versagen hast? Dann frage Dich genau jetzt, was wäre, wenn……. Merkst Du es nicht, in diesem Moment ruft die Freiheit nach Deinem Namen. Nur folgen musst Du ihr.

Die private Ebene (Familie, Freunde)

Die private Ebene wird leicht mit der persönlichen Ebene verwechselt. Menschen, die es ihren Familien und Freunden stets recht machen möchten, verwechseln gerne die persönliche Ebene mit der privaten. Die private Ebene ist ein Teil von Dir, denn je mehr Du Dich im Innerlichen entwickelst, desto mehr werden auch die Erfolge, die nach außen sichtbar sind. Ohne die Unterstützung der Familie und der Freunde ist eine solche Entwicklung jedoch oftmals nicht möglich. Bist Du ein Macher? Oder gehörst Du eher zu den Menschen, die gerne machen lassen? Du glaubst, dass der richtige Moment, um Dinge zu ändern, niemals kommen wird? Hör endlich auf zu warten, sondern stehe auf und gehe Deinen Weg in die Freiheit. Du wirst sehen, wenn Du den ersten Schritt gemacht hast, werden Deine Freunde und auch die Familie hinter Dir stehen. Das Gefühl, das Du dann erwarten kannst, ist mit nichts vergleichbar.

Stell Dir die Frage, wie Dein persönlicher Bereich aktuell aussieht

Einige Fragen solltest Du Dir vor Augen halten.

- Wie sind Deine Beziehungen zu Freunden?
- Wie sieht Deine Partnerschaft aus?
- Finden viele Diskussionen in Deinem Leben statt? Wie verlaufen sie?
- Wie ist Deine Sichtweise zu unterschiedlichen Themen? (Kultur, Sport, Kunst, Politik, …)

Wenn es um den Freundes- und Bekanntenkreis geht ist eine biologische Eigenheit von großer Wichtigkeit: die Spiegelneuronen.

Spiegelneuronen befinden sich im Gehirn und können als ein Resonanzsystem bezeichnet werden, die Gefühle und

Stimmungen anderer Menschen in Schwingung bringen. Das Besondere an den Nervenzellen ist, dass sie bereits Signale aussenden, wenn jemand eine Handlung nur beobachtet. Die Nervenzellen reagieren exakt so, als ob man das Gesehene selbst ausgeführt hätte.

Als Beispiel können wir uns vorstellen, wenn Du eine Gitarrensaite zupfst, bringen wir die anderen Saiten des Instruments auch zum Schwingen, wir erzeugen eine Resonanz. Anteilnahme, Freude, aber auch Schmerzen zu empfinden, ist auf diese Weise möglich.

Die Spiegelneuronen im Gehirn sind ausgeprägte Nervenzellen, die den Menschen zum Mitfühlen anregen. Wenn man beobachtet, dass sich jemand beim Gemüse schneiden in den Finger schneidet, fühlt man selbst ein Unbehagen und kann sich hinein versetzen, wie sich der Schmerz anfühlt.

Aufgrund unserer aktivierten Spiegelneuronen werden wir mit Gefühlen des anderen angesteckt, als ob wir selbst Leid, Schmerz oder Freude erfahren würden.
Spiegelneuronen sind von Geburt an Teil unseres Gehirns, die dem Säugling die Fähigkeit geben, mit seiner Mutter oder seinem Vater erste Handlungen der Spiegelung vorzunehmen. Frühe Spiegelungen sind wichtig für die Entwicklung und entsprechen dem emotionalen Grundbedürfnis des Neugeborenen.

Die Fähigkeit zu spiegeln entwickelt sich nicht von allein, sie braucht ein Gegenüber. Beim Baby ist es die Mutter oder der Vater, die die Spiegelaktionen aktivieren. Kinder müssen erst lernen, die Gefühle der anderen zu erfühlen.

Diese Spiegelneuronen beeinflussen aber auch unser Erwachsenenleben. Wir nehmen Eigenheiten und Charaktereigenschaften von Menschen in unserem näheren Umfeld an. Aus diesem Grund solltest Du bewusst wahrnehmen, wie Dein näheres Umfeld von Freunden und Bekannten aussieht. Ob Du es willst oder nicht, sie prägen Dich und wirken auf Dein Verhalten ein. Überlege Dir einmal, wer sind die Menschen aus Deinem Freundes- oder Bekanntenkreis, mit denen Du am meisten Umgang hast. Schreibe die Menschen, die Dir nahestehen bzw. die 5 wichtigsten Personen einmal auf.

1.   Person:_____

2.   Person:_____

3.   Person:_____

4.   Person:_____

5.   Person:_____
Du kannst diese Liste bei Bedarf natürlich erweitern oder verkleinern.

Viele Menschen treiben in ihrem Leben einfach so dahin. Sie haben kein Ziel vor Augen und leben so durch den Tag. Das Familienleben ist nichts Besonderes mehr, es ist zum Alltag geworden. Freunde treffen bringt keine Vorfreude mehr, sondern entwickelt sich oftmals als notwendiges Übel. Schließlich möchte man seine Freunde und Bekannten nicht enttäuschen. Du wartest lieber ab und passt Dich an, anstatt Deine eigene Zukunft aktiv zu gestalten. Schließlich gehörst Du zu den Menschen, die andere nicht enttäuschen möchten. Trifft dies auch auf Dich zu? Bist Du mit Deinem Leben zufrieden? Hat die Freiheit Deinen Namen gerufen und liebst Du Deinen Alltag? Nein? Dann solltest Du aufstehen und Dein Leben verändern. Nur Du hast es in der Hand, etwas Besonderes aus Deinem Leben zu machen, denn denke immer daran, auch Du bist eine ganz besonderer Mensch. Warst Du schon einmal in einer Situation in der Du gedacht hast, dass jetzt unbedingt jemand etwas verändern müsste? Warum eigentlich jemand, warum nicht Du? Sei Du der Jemand, der etwas verändert.

Die berufliche Ebene (Arbeit)

Die letzte Ebene vom Dreieck des Lebens ist die berufliche Ebene. Dieser Bereich nimmt eine besonders große Rolle ein. In vielen Fällen ist diese Ebene die größte. Mit unserer Arbeit können wir uns identifizieren. Wir werden gebraucht, erhalten Bestätigung und bekommen ein Zugehörigkeitsgefühl. Die Arbeit erfordert täglich einen großen zeitlichen Anteil. Nehme Dir jetzt ein paar Minuten Zeit und lasse Dich von nichts stören, vielleicht kochst Du Dir einen Tee oder nimmst Dir etwas anderes zu trinken und stellst Dir folgende Fragen:

• Bist Du der- oder diejenige die anderen hilfreich zur Seite steht?

- Bist Du stets zuvorkommend und hilfsbereit?
- Übernimmst Du Aufgaben, die gar nicht zu Deinem Aufgabenbereich gehören?
- Machst Du eher Deine Arbeit nach Vorschrift und lässt Dich von nichts abbringen?
- Stehst Du Deinen Kolleginnen und Kollegen nicht hilfreich zur Seite?
- Verstehst Du dich mit Deinen Kolleginnen und Kollegen und Vorgesetzten gut oder eher schlecht?
- Schätzen Dich Deine Kolleginnen und Kollegen oder hast Du eher Probleme mit diesen?

Konntest Du für Dich selber diese Fragen direkt beantworten oder musstest Du doch eine Zeit lang überlegen? Du kannst jede dieser Fragen positiv beeinflussen. Hier musst Du einfach überlegen, ob Du mit dem Jetzt und Hier zufrieden bist oder ob Du Dir doch eine Veränderung wünschst. Ruft die Freiheit bereits Deinen Namen oder zögerst Du noch?

Es gibt in Deinem Leben 10 Dinge, die Du jederzeit selbst in der Hand hast und positiv beeinflussen kannst.

1. Du kannst jeden Tag mit einer positiven Grundeinstellung durch Dein Leben gehen.

2. Du kannst täglich durch Deine positive Einstellung ein Vorbild für andere Menschen sein.

3. Du kannst Deine tägliche Arbeit mit einer Menge Motivation, Leidenschaft und Ehrgeiz erledigen.

4. Du kannst täglich an Deiner persönlichen Entwicklung arbeiten.

5. Du kannst täglich große Träume haben und dennoch handeln.

6. Du kannst immer wieder anderen Menschen mit einer Kleinigkeit eine Freude machen.

7. Du kannst immer wieder dafür sorgen, dass Deine Kolleginnen und Kollegen, Freunde und auch die Familie sich an Deinem Handeln orientieren können.

8. Du kannst täglich alles geben um etwas besser zu sein als dies am Vortag der Fall gewesen ist.

9. Du kannst täglich einen großen Schritt gehen um noch großartiger zu werden.

10. Du kannst immer wieder Deine großen Fähigkeiten und Erfahrungen einsetzen um zur besten Version Deiner selbst zu werden.

Sicherlich denkst Du jetzt, dass Du nicht über ausreichend Talent verfügst, dass Deine persönliche Entwicklung nicht ausreichend ist oder dass Du nicht über eine ausreichend positive Einstellung verfügst. Mache Dich nicht schlecht, denn in Dir steckt so viel mehr. Egal was Du Dir für Dein Leben wünschst, Du kannst sicher sein, dass Du für alle wichtigen Dinge des Lebens keinen Titel, kein Geld und auch keine Erlaubnis von anderen Menschen benötigst. Dinge, die Deine Lebensweise verändern, benötigen alle diese Details nicht. Hier bist nur Du gefordert. Merke Dir, Veränderungen beginnen stets im Inneren und werden im Äußeren sichtbar.

Du solltest wissen, dass es 10 äußerliche Erfolge gibt, die ihren Ursprung in Deinem Inneren haben. In Dir schlummern so viele wundervolle Eigenschaften, die nur darauf warten, dass Du sie nutzt. Du kannst diese Eigenschaft jetzt nutzen, Du musst einfach nur mit der Umsetzung beginnen.

1. Deine Lebensqualität kann wachsen, wenn Du als Mensch wächst.

2. Helfe Dir täglich selbst, denn nur dann kannst Du anderen helfen.

3. Sorge richtig für Dich, denn dann kannst Du auch für andere Menschen sorgen.

4. Sei täglich motiviert, denn so nur ist es möglich, auch andere Menschen zu motivieren.

5. Du kannst Dich als Potenzial von anderen entfalten, wenn Du zur besten Version von Deiner selbst wirst.

6. Bist Du von einer Sache begeistert, kannst Du auch andere begeistern.

7. Dein Umfeld kann nur positiv werden, wenn Du Deinen Fokus auf zahlreiche Möglichkeiten und Chancen richtest.

8. Schätze Dich stets selbst wert, denn nur dann kannst Du auch andere Menschen wertschätzen.

9. Baue Dich täglich selbst auf, denn dann kannst Du auch alles andere aufbauen.

10. Wenn Du dazu bereit bist Dich zu verändern, dann kannst Du sogar die ganze Welt verändern.

Wenn Du es nicht aus eigener Kraft schaffst Dich zu verändern, dann wird Dich die Welt verändern. Veränderung bedeutet jedoch auch, dass Du eigenverantwortliche Entscheidungen treffen musst. Du darfst Dich niemals verzetteln, sondern solltest Dich stets auf Deine Veränderungskräfte und Energien konzentrieren. Deine Kollegen, aber auch andere Menschen in Deinem Umfeld werden diese Veränderung bemerken und zu schätzen wissen.

Werfen wir aber wieder einen Blick auf das ganze Dreieck des Lebens.

Ist es harmonisch ausgeglichen und in holistischer Balance? Läuft unser Leben in klaren Bahnen oder zwickt es in dem einen oder anderen Bereich etwas?

Beleuchten wir einige Beispiele aus dem täglichen Leben.

Anna-Maria (44):
Anna-Maria ist eine ansehnliche Frau, Mitte 40, verheiratet und hat einen Sohn. Sie ist brünett und 165 cm groß, hat eine durchschnittliche Figur und wird als ausgeglichene Person wahrgenommen. Ihre Kleiderwahl ist grundsätzlich dem Anlass bzw. der Tageszeit entsprechend angepasst. Sie bemüht sich um eine gesunde Ernährung, treibt ab und zu Sport, trifft sich selten aber regelmäßig mit Freunden und unternimmt regelmäßig etwas mit ihrer Familie. Sie liest gerne Bücher, vorzugsweise abends vor dem Schlafengehen. Anna-Maria ist seit vielen Jahren als kaufmännische Mitarbeiterin in einer kleinen Firma tätig. Bei Kollegen wird Sie geschätzt und der Chef hat ihr letztes Jahr eine Gehaltserhöhung ausgesprochen. An jedem ersten Sonntag im Monat treffen sie und ihr Mann ihre Eltern und Schwiegereltern zum Essen. Der Hochzeitstag wird mit einem gemeinsamen Wochenende mit ihrem Mann gefeiert.

Bei Anna-Maria sind die drei Bereiche des Lebens gut ausgeglichen. Sie kümmert sich um sich selbst, ernährt sich gut, kleidet sich adrett und achtet auf Ihren Körper (persönliche Ebene). Sie trifft sich mit Freunden, unternimmt regelmäßig etwas mit Ihrem Mann und Ihrem Sohn und der Kontakt zu den Eltern und Schwiegereltern ist ansehnlich (private Ebene). Anna-Maria hat einen fixen Job, hat einen guten Kontakt zu Kollegen und ihre Arbeit wird vom Chef geschätzt (berufliche Ebene).

Johannes (43):
Johannes ist ein sportinteressierter Mann, Mitte 40, hat

eine Partnerin und zwei Töchter. Er ist schwarzhaarig und 180 cm groß, ist halbschlank und wird als aktive Person wahrgenommen. Seine Kleiderwahl ist einfach, meistens trägt er Jeans und Pulli. Er isst zwischendurch gerne Fertiggerichte, sieht gerne Sport, geht regelmäßig zum Fußball und unternimmt selten etwas mit seiner Freundin und den Kindern. Johannes arbeitet als Handwerker in einer Produktionsfirma und arbeitet zuhause oft in seiner Werkstatt. Im Job arbeitet er mehr als andere Kollegen und übernimmt Projekte von anderen. Mit einem Kollegen versteht er sich gut, mit den anderen kommt es manchmal zu Diskussionen. Mit seinem Vorgesetzten gibt es regelmäßig Vieraugengespräche. Abends ist er oft ausgelaugt und möchte in Ruhe fernsehen.

Bei Johannes sind die drei Bereiche nicht ausgeglichen. Er arbeitet viel, übernimmt von anderen die Projekte und versteht sich aus diesem Grund nicht besonders gut mit den Kollegen und dem Vorgesetzten (berufliche Ebene). Er kümmert sich wenig um sich selbst, ernährt sich nicht gut und achtet kaum auf seinen Körper (persönliche Ebene). Er geht ausschließlich zum Fußball mit Freunden und selten mit der Familie. (private Ebene).

Johanna (48):
Johanna ist eine attraktive Frau, Ende 40, verheiratet und hat zwei Kinder. Sie ist dunkelhaarig und 170 cm groß, hat eine gute Figur und wird als hilfsbereite Person wahrgenommen. Sie bemüht sich, dass es Freunden und Familie gut geht und hilft wo sie nur kann. Die Freizeit verbringt Sie im Altersheim und singt im Chor. Obwohl sie oft sehr

müde ist, schläft sich nicht gut und wird nachts oft wach. Wenn Sie daheim ist, kümmert sie sich um den Haushalt und die Kinder. Sie arbeitet im Tourismus im Back-Office und hat Ihre Dienste am Wochenende. Sie macht regelmäßig Überstunden und übernimmt Dienste von Kollegen. Mit der Vorgesetzten hat Sie grundsätzlich ein gutes Verhältnis, obwohl sie schon das eine oder andere Mal auf Ihre Krankenstände angesprochen wurde. Johanna meint dann, dass es ja gar nicht so oft vorkomme.

Bei Johanna stehen zwei Bereiche im Fokus. Sie kümmert sich um Freunde, Familie und Bekannte. Sie arbeitet viel und übernimmt Dienste (private und berufliche Ebene). Den persönlichen Bereich vernachlässigt sie vorwiegend. Sie hat keine Ruhephasen, stellt ihre Anliegen und Wünsche in den Hintergrund und verlangt ihrem Körper einiges ab.

Die drei Dimensionen brauchen ihren Ausgleich. Dass es natürlich bei dem einen oder anderen Bereich eine größere Ausprägung geben kann, steht außer Frage. Wenn aber ein Bereich gar keine Aufmerksamkeit bekommt, ist es sehr gefährlich. Vor allem wird es dann sehr einschneidend, wenn ein Bereich nicht berücksichtig wird und ein zweiter wegfällt.

Was passiert, wenn bei Johannes die Arbeit plötzlich wegbricht? Sei es wegen Einsparungsmaßnahmen oder wegen der vermehrt auftretenden Diskussionen mit dem Vorgesetzten. Die Beziehung mit der Familie ist dürftig und der persönliche Bereich ist auch nicht ausgeglichen. Dann bleiben nur mehr die Fußballfreunde.

Was passiert bei Johanna, wenn aus den kleinen Krankenständen eine größere Krankheit wird, weil sie auf sich nicht schaut? Wenn Sie auf einmal nicht mehr jedem helfen kann sondern Hilfe braucht.

Bei Anna-Maria wird es wohl nicht so einschneidend sein wie bei den beiden anderen. Wenn ihr Job wegbricht hat Sie ihren Mann, ihre Familie und Freunde. Sie ist gesundheitlich fit für neue Herausforderungen.
Die persönliche Dimension ist die wichtigste. Wenn Du mit Dir im reinen bist, wenn Du Deinen Körper gut ernährst, Deinem Geist weiterbildest und Du Dir, neben der Aktivität, auch Ruhepausen gönnst, dann bist Du in Deiner Kraft. Das ist der wichtigste Weg zur Freiheit!

Kapitel 3 – Die Sinuskurve des Lebens

Ich sitze gerade auf der Anhöhe des Haunsberges im Salzburger Seenland auf einer Waldlichtung mit Blick auf die Trumerseen und möchte gerne ein Kapitel für dieses Buch schreiben. Auf einmal setzt sich ein Schmetterling neben mir auf die leicht vermooste aber gemütliche Sitzbank. Ich werde kurz aus meinen Gedanken gerissen und merke den inneren Frieden in mir. Mir war bis jetzt gar nicht bewusst, diese Freiheit, über die ich schreiben möchte, gerade zu leben. Es ist ein frühlingshafter Mittwochnachmittag und ich habe das Privileg, an so einem schönen Ort zu arbeiten. Natürlich begleiten mich Gedanken, „mach doch was, von dem Du weißt, dass es sich auszahlt". „Sei produktiv und mach etwas, von dem Du weißt, dass es etwas bringt, zum Beispiel Geld". Ich mache kurz eine Schreibpause, soweit man zwei Seiten in drei Stunden Schreiben nennen kann. Ich checke meine Emails und installiere eine neue Emailadresse nach mehreren Anrufen mit der Service Hotline meines IT Anbieters.

Ich mache eine kurze Pause, so wie ich es gerade schriftlich festhalten möchte. Ich höre das Vogelgezwitscher von verschiedenen Singvögeln. Ein Vogel eines nahegelegenen Bauernhofs kräht ständig vor sich hin, Bienen und Schmetterlinge fliegen vor mir von Blume zu Blume. Ich frage mich gerade, ob Bienen oder Schmetterlinge auch eine Pause brauchen. Wahrscheinlich nicht. Es ist für sie keine Arbeit, es ist das normale Sein. Es ist wie es ist.

Die Natur zeigt uns in Stille, wie es sein darf. Ein Regenwurm möchte auch nicht ein Schmetterling sein. Er ist ein Regenwurm.

Jeder Mensch, der schon einmal den ganzen Tag schwere Betonsäcke oder ähnliches getragen hat, der weiß, nach der Arbeit, braucht man eine Erholung. Auf gut deutsch, nach der Arbeit braucht man eine Pause.

Wir leben alle in einer Zeit, die von Nörgeln und Jammern aber auch von Stillstand geprägt ist. Das Leben besteht aus zahlreichen Beschwerden. Sei es nun bei der Arbeit, in der Gesellschaft oder wegen der fehlenden Perspektiven. Nicht jeder schafft es aufzustehen und selbst etwas an der Situation zu ändern. Es ist doch viel einfacher, wenn andere Menschen für einen den Weg gehen. Statt selbst aktiv etwas an seinem Leben zu ändern vertraut man darauf, dass andere Menschen die Verantwortung tragen und diesen Weg für einen gehen. Wartest Du auch immer auf den perfekten Moment? Wenn Du auf einen solchen wartest, dann darf ich Dir aus Erfahrung sagen, dass dieser niemals von selbst kommen wird.

Menschen, die stets Ausreden für ihr Leben haben, werden niemals zugeben, dass es sich um eine Ausrede handelt. Der Schlüssel für die Transformation einer passiven Attitüde zu einer gestaltenden Mentalität liegt im Bewusstsein des Status quo. Nur wer weiß, wie häufig er zu einer Ausrede greift um nicht handeln zu müssen, der kann etwas verändern. Veränderung bedeutet auch mutig zu sein. Ausreden gibt es zahlreiche, doch oftmals sind diese schon so gegenwärtig, dass einem selbst gar nicht mehr auffällt, dass es sich hierbei um eine solche handelt. Die 10 Ausreden, die am häufigsten gebraucht werden, möchten wir Dir anbieten. Vielleicht findest Du Dich in diesen wieder.

1. Soviel Geld habe ich nicht.

2. Ich kann das nicht, weil ich zu jung, alt, groß oder klein bin.

3. Das ist für mich viel zu langsam oder zu schnell.

4. Dafür habe ich einfach keine Zeit.

5. So mache ich das sonst nie.

6. Dafür fehlt mir das nötige Talent.

7. Das kann ich oder kenne ich schon.

8. Ja, aber …

9. Das ist nicht so einfach.

10. Ich kann mir nicht vorstellen, dass das was bringt.

Na, hast Du Dich in einer oder sogar mehreren Aussagen wiedergefunden? Habe ich Dir einen Spiegel vorgehalten? Du solltest in einem solchen Fall die passive Attitüde gegen die Macher-Mentalität austauschen. Du bist ein Macher, wenn Du es nur zulässt. Die Macher Mentalität wird auch Dir dauerhaft helfen Dein Leben nach Deinen eigenen Vorstellungen und Wünschen zu gestalten. Du wirst schnell merken wie sich Deine Lebensqualität verbessert. Jeder Mensch hat den Wunsch nach Veränderungen, der eine mehr, der andere weniger. Doch selten ist man bereit, den ersten Schritt zu gehen. Welche Träume hast Du? Welche Ziele möchtest Du im Leben erreichen? Gibt es Dinge die Du machst, aber eigentlich gar nicht möchtest? Schreibe jeweils 5 Träume auf, die Du hast und 5 Dinge, die Du ändern möchtest, weil sie Dich belasten.

Träume

1. Traum:_____

2. Traum:_____

3. Traum:_____

4. Traum:_____

5. Traum:_____

Veränderungen

1. Veränderung:_____

2. Veränderung:_____

3. Veränderung:_____

4.   Veränderung:_____

5.   Veränderung:_____

Natürlich kannst Du auch hier Deine Liste beliebig erweitern oder verkürzen. Wichtig ist die Eigenmotivation, damit Du jedes Deiner Ziele erreichst.

Es geht um eine ausgeglichene Sinuskurve von aktiv und passiv.

Die Mathematiker unter Euch fangen jetzt schon an, die Sinus- und Kosinuswellen für eine allgegenwärtige harmonische Schwingung der Sinuskurve zu berechnen. Die Sinuskurve taucht in zahlreichen wissenschaftlichen Zusammenhängen auf, die wir hier aber nicht beleuchten sondern uns ihrer unter einfachen philosophischen Gesichtspunkten annehmen werden.

Was aber haben ein klarer Geist und eine gedankliche Freiheit mit der Sinuskurve zu tun? Meines Erachtens sehr viel!

Das Leben verläuft wie eine Sinuskurve, einmal geht's bergauf und dann wieder bergab. Einmal funktioniert alles und dann wieder klappt nichts.

Auch wenn man das Gefühl hat, dass bei manchen Menschen das ganze Leben wie am Schnürchen läuft, kann ich

Dir mit ruhigem Gewissen sagen: Auch bei ihnen geht die Kurve einmal nach unten.

Vergleichen verhindert das eigene Glück, deshalb versuche es tunlichst zu vermeiden. Sich bei anderen Menschen Inspiration zu holen und sich daran zu orientieren wie man persönlich und beruflich erfolgreich wird, ist sehr wichtig und essentiell. Aber sich mit anderen zu vergleichen und sich danach schlecht zu fühlen tut Dir nicht gut. Die Freiheit folgt niemandem anderen, sie geht ihren eigenen Weg und den solltest Du beschreiten.

Die Sinuskurve ist eine der wunderbarsten Metaphern für das Leben. Sie zeigt uns auf wundervolle Weise wie die Natur und unser Leben funktionieren - besser gesagt, wie das Leben wirkt.

Während ich diese Zeilen schreibe geht hinter mir langsam die Sonne unter.

Zum einen wird mir wieder klar, wie sehr die Freiheit meinen Namen ruft. Zum anderen wird mir aber auch bewusst, wie sie meinen Namen ruft und ich dennoch die Stimme nicht höre. Durch das Schreiben dieses Buches wird mir diese Situation immer mehr bewusst und ich lerne jeden Tag.

Der Mensch lernt und behält etwa 20% des Inhaltes, wenn er/sie ihn hört. Es wird sukzessive mehr, wenn man das Ganze zusätzlich liest, wiederholt, selber schreibt oder in die Tat umsetzt. Mit dem Schreiben dieses Buches tue ich es täglich und ich wünsche Dir denselben Erfolg, wenn Du dieses Buch liest und in die Umsetzung kommst.

Die Sinuskurve des Lebens zeigt uns ein ständiges Leben und Sterben. Versinkt die Sonne am Abend, geht das Licht, und die Dunkelheit kommt. Wenn die obere Welle der Sinuskurve uns die Helligkeit zeigt, so zeigt uns die untere Kurve die Finsternis. Dieser Tag stirbt und kommt nicht wieder. Die Nacht lebt auf und zeigt sich mit voller Wirkung.

Am nächsten Morgen erlischt die Nacht und der neue Tag beginnt zu scheinen. Ein ständiges Auf und Ab. Hell, dunkel, hell, dunkel, hell, usw. Bei den Temperaturen ist es ähnlich, hier steigt sie bei Sonnenschein und sinkt bei Dunkelheit.

Die Sinuskurve steht aber auch für viele andere Lebenssituationen. Zu bestimmten Zeiten sind wir aktiv, gehen unserer Arbeit nach und unternehmen etwas. Wir sind produktiv und bewegen etwas im Leben. Dieser Bereich steht für die aktive Kurve, die sich nach oben wölbt.

Früher oder später brauchen wir eine Pause, die Passivität. Der Köper erholt sich und tankt wieder Kraft und Energie. Hier spreche ich von der unteren Welle der Sinuskurve.

Die gesündeste Art diese Wechselwirkung zu leben ist, wenn die Sinuskurve ausgeglichen ist. Haben wir eine längere Zeit zu viel Aktivität und zu wenig Passivität, kommt unser Biorhythmus aus der Balance und unser Körper wird geschwächt. Das passiert vielen Menschen, die beruflich sehr eingespannt sind und viele Überstunden schieben. Hier zeigt sich oft, dass, obwohl der Körper extreme Müdigkeit verspürt, hier Einschlafprobleme und unruhiger Schlaf das Ergebnis sein können. Die Kinesiologie hat dazu einen wie ich finde sehr interessanten Ansatz: „Der Tag bestimmt die Nacht." Haben wir tagsüber eine natürliche Aktiv-Passiv-Kurve – wie es uns die Sinuskurve zeigt – schlafen wir gut und der Körper erholt sich.

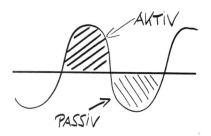

Sind wir hingegen tagsüber, und das tagtäglich, unter voller Anspannung (hier schlägt die Sinuskurve kräftig aus) wirkt sich das negativ auf uns aus. Bei Dauerstress kann sich der Körper nicht erholen und den zum Schlafen so wichtigen Botenstoff Melatonin nicht ausschütten. Das hat zur Folge, dass wir nicht zur Ruhe kommen.

Hier ein Beispiel.
Ein Teilnehmer in einer meiner Workshops klagte über körperliche Probleme obwohl er sehr sportlich war. Ich fragte ihn, wie seine Aktivitäten aussehen. Er meinte, er trainiere auf einen Triathlon hin. Er trainiert jeden Tag und macht zusätzlich bei verschiedenen Wettbewerben

mit, um bestens vorbereitet zu sein.

Im Sport wird oft mit Superkompensation gearbeitet, aber bei ihm war es etwas anderes. Er beachtete nicht das Gesetz der Sinuskurve. Seine Sinuskurve des Lebens war über längere Zeit außer Balance gekommen und deshalb hat ihm sein Körper sanft aber mit klarer Bestimmtheit darauf hingewiesen. Weiters stellte sich heraus, dass er mit sich und in seinem Berufsleben sehr hart war. Diese Härte zeichnet sich bei einer Sinuskurve durch starke Ausschläge aus. Seine Sinuskurve war nicht mehr rund, sie war spitz geworden. Das sanfte selbstbestimmte Leben war nicht in Harmonie.

Ich habe ihm die Sinuskurve des Lebens erklärt und meinte, dass er schon lange hohe Spitzen habe und seit dieser Zeit fingen auch die körperlichen Probleme an.
Das Ganze kann aber auch auf der passiven Seite (untere Sinuskurve) negative Auswirkungen haben. Schlägt die passive Kurve über einen längeren Zeitraum stark aus, tut das auch nicht gut.

Ob wir zu viel oder zu wenig tun, das hängt von uns selber ab. Wie sieht die Sinuskurve des Lebens bei Dir aus?
In der Natur gibt es immer wieder Gewitter und Extremsituationen, hier schlägt die Sinuskurve für kurze Zeit richtig stark aus. Das ist aber auch natürlich, denn das gehört zur Reinigung bzw. zum Ausgleich, die Natur erholt sich hier und pendelt sich wieder ein.

Wie beim Menschen der Blutdruck seine kurzzeitigen

Spitzen hat, die durch positive oder negative Anspannungen und Emotionen ausgelöst werden, erholt er sich wieder und pendelt sich ein. Dasselbe ist beim Stress, ob beim positiven Eustress und dem negativen Distress.

Existieren diese Phasen bzw. diese ausgeprägten Spitzen über längere Zeiträume, dann kann das unangenehme Folgen haben - in der Natur, bei der Arbeit, in der Beziehung oder in Bezug auf unsere Gesundheit.

Bewegt sich die Sinuskurve nach unten, nimmt sie - und das ist ganz wichtig zu verstehen – Schwung, um sich wieder nach oben zu bewegen. Kann sich diese Sinuskurve keinen guten Schwung aufbauen, fehlt die Energie nach oben. Schlägt die Kurve zu weit nach unten, verliert sie an Kraft für den Aufwärtsschwung.

Wichtig ist hier zu wissen, dass dieses Auf und Ab zum Leben gehört. Mach Dir bewusst, mit diesem Zyklus zu leben und Dich danach zu orientieren, ein gesundes und erfolgreiches Leben zu führen, denn dann ruft die Freiheit Deinen Namen.

Kapitel 4 – Bleibe in Deinem Wirkungskreis

Der US-amerikanische Theologe und Philosoph Reinhold Niebuhr meinte so treffend: „Gott, gib mir die Gelassenheit, Dinge hinzunehmen, die ich nicht ändern kann, den Mut, Dinge zu ändern, die ich ändern kann, und die Weisheit, das eine vom anderen zu unterscheiden."

Diese Aussage ist absolut treffend und eigentlich wissen wir alle, dass wir so unser Leben handhaben sollten, doch es ist nicht immer einfach diese Dinge in die Tat umzusetzen. In vielen Situationen fehlt uns der Mut. Wir haben Angst vor Veränderungen und nicht nur das, wir stellen uns die Frage: „Was passiert, wenn wir Dinge in unserem Leben ändern?" Es ist auch nicht immer einfach gelassen zu bleiben, in Situationen, die uns in Rage bringen. Nicht immer können wir Recht von Unrecht unterscheiden, denn wir glauben an das Gute im Menschen. Jede einzelne Reaktion ist menschlich, denn wir sind Menschen und wir haben gelernt mit bestimmten Situationen immer gleich umzugehen. Jetzt sollten wir uns ändern? Jetzt sollen wir ein anderes Leben anstreben, von dem wir nicht wissen wie es ausgehen wird? Dazu aber später mehr.

Für unser Leben benötigen wir Energie. Energie ist mit das Wichtigste, wenn nicht das Allerwichtigste, was wir jeden Tag aufs Neue haben müssen. Bereits morgens beim Aufstehen benötigen wir diese. Wer ohne Energie in den Tag startet schafft es nicht, sein Vorhaben für diesen Tag umzusetzen. Eventuell kennst Du das auch. Dein Job ist schon lange nicht mehr das, was er einmal gewesen ist. Zuhause bei Deiner Familie läuft es nicht mehr rund und Mitte des Monats musst Du schauen wie Du den restlichen Monat überstehen sollst, weil Dein Budget einfach zu Ende geht. Solche Situationen kennt jeder, da bist Du nicht allein. Irgendwann, wenn Du es leid bist, kommt Dir der Gedanke, dass eine Veränderung her muss. Du möchtest Dein Leben verbessern. Perfekt, Du hast den ersten Schritt gemacht, der Wunsch nach einer Veränderung. Doch für eine solche brauchst Du Energie, oftmals mehr als Du Dir gerade vorstellen kannst. Du denkst darüber nach, wie Du was verändern könntest und gelangst immer wieder an den Punkt, wo Du Dir sagst, dass Du es nicht schaffen kannst. Du überlegst, ob Du andere mit einer Veränderung verletzen könntest. Du schiebst den Gedanken erst mal beiseite und sagst Dir selbst, dass doch eigentlich alles gut sei und Du ein schönes Leben hast. Deine Energie nimmt ab und Du fällst zurück in Deinen Alltag. Wie ein Roboter funktionierst Du. Bist Du glücklich, freust Du Dich auf jeden neuen Tag, liebst Du Dein Leben so wie es ist? Höre in Dich hinein und sei ehrlich zu Dir selbst.

Die meisten Menschen wünschen sich nichts anderes als einen Job, bei dem ihre Arbeit anerkannt wird und man zu ihnen aufschaut, eine Familie, die zu einem hält und immer für einen da ist. Eigentlich wünschst auch Du Dir ein Leben, in dem Du einfach Du selbst sein kannst und glücklich bist. Dann steh auf, nimm Dein Leben selbst in die Hand und warte nicht länger, dass eine Veränderung von alleine kommt. Mach es einfach und denke nicht nur darüber nach. Lege Deine ganze Energie in Deinen einen Wunsch der Veränderung, in den wichtigsten Wunsch.

Mache Dir eine Liste, welche Veränderungen Du Dir am meisten wünschst. Fange mit Punkt 1 an, wenn Du diesen erreicht hast, dann gehe zu Punkt 2 und so weiter. Du wirst am Ende auf Dich selbst stolz sein, auf das, was Du erreicht hast mit Deiner ganzen Energie. Schreibe Deine Wünsche auf und sollten diese einmal in Vergessenheit geraten, dann lese sie Dir immer wieder durch und erinnere Dich.

1. Wunsch: _____

2. Wunsch:_____

3. Wunsch:_____

Veränderungen machen zu Anfang erst einmal Angst und bereiten Sorgen. Der Gedanke an eine Veränderung ist vorab neutral. Erst wenn Du Deine Veränderung bewertest, egal ob positiv oder negativ, wirst Du der bevorstehenden Veränderung Deinen eigenen Stempel aufdrücken. Egal, welche Veränderungen Du Dir für die Zukunft wünschst, es ist wichtig, dass Du hinter Deiner Entscheidung stehst. Solltest Du Zweifel haben oder sogar unsicher sein, ob die Entscheidung richtig ist, dann wird es schwer eine solche Veränderung auszuführen. Doch es ist niemals unmöglich, das solltest Du Dir immer wieder sagen. Nichts ist unmöglich und Du kannst alles erreichen, wenn Du es nur möchtest. Sage Dir immer wieder, Veränderungen gehören zum Leben dazu. Sie sind ein großes Geschenk und zu jeder Veränderung gehören Zweifel und Unsicherheit. Bedenke auch, wenn Du mutig bist und Angst hast, dass dies ganz normal ist. Du wärst nicht Du, wenn nicht bei jeder bevorstehenden Änderung in Deinem Leben ein paar Zweifel, wenn Unsicherheit und Angst eine Rolle spielen würden.

Ich gehöre zu den Menschen, die oftmals vor einer Entscheidung Zweifel hegen. Mir hilft es in einem solchen Fall, mich mit anderen Menschen zu unterhalten, was denken diese über meinen Wunsch. Natürlich sollte Dir auch klar sein, dass Du nicht von jedem dieser Menschen Zuspruch erhalten wirst. Doch je öfter ich von meinem Wunsch berichte, desto greifbarer wird er. Die Zweifel und auch die Angst rücken in den Hintergrund und mein Wunsch nach Veränderungen tritt plötzlich in den Vordergrund. Ich fühle mich befreit und habe nur noch den einen Gedanken, dass ich es versuchen möchte. Ich muss einen Weg finden, um meinen Wunsch zu realisieren, auch wenn der Weg dahin steinig wird und ich nicht immer positive Aufmerksamkeit bekomme. Die Aufmerksamkeit ist ein eigenartiges Phänomen. Je mehr man darüber nachdenkt, umso unklarer wird sie.

Vor vielen Jahren sagte ein Mann aus dem Volk zum Meister: „Meister, wollt Ihr mir bitte einige Grundregeln der höchsten Weisheit aufschreiben?" Der Meister griff zum Pinsel und schrieb: „Aufmerksamkeit". „Ist das alles?" fragte der Mann, „wollt Ihr nicht noch etwas hinzufügen?" Der Meister schrieb daraufhin zweimal hintereinander: „Aufmerksamkeit. Aufmerksamkeit". „Nun", meinte der Mann ziemlich gereizt, „Ich sehe wirklich nicht viel Tiefes und Geistreiches in dem, was Ihr gerade geschrieben habt." Daraufhin schrieb der Meister das gleiche Wort dreimal hintereinander: „Aufmerksamkeit, Aufmerksamkeit, Aufmerksamkeit". Halb verärgert begehrte der Mann zu wissen: „Was bedeutet dieses Wort ‚Aufmerksamkeit' überhaupt?". Und der Meister antwortete sanft: „Aufmerksamkeit bedeutet Aufmerksamkeit".

Diese Aussage des Meisters mag womöglich etwas verwirren, verstärkt aber den Grundsatz, „Wo die Aufmerksamkeit ist, ist Energie".

„Ob in der Religion, der Politik, der Werbung oder der asiatischen Kampfkunst - überall versucht man sich die Kraft der Aufmerksamkeit zunutze zu machen." (Erving Polster)

Du solltest Deinen Fokus nicht auf das Schöne, auf das, was wäre, wenn, lenken, sondern vorab auf die Probleme. Denn egal für welche Veränderung Du Dich entscheiden magst, es werden Dir immer Steine in den Weg gelegt. Probleme treten in jedem Lebensbereich auf, wenn Du diese akzeptierst, dann wirst Du merken, wie schnell sich dir neue Chancen und Möglichkeiten bieten. Probleme gehören einfach zu jedem neuen Lebensabschnitt dazu. Es wird kaum einen Menschen geben, der durch sein Leben zieht, wie man es bei dem sogenannten roten Faden kennt.

Je größer ein Druck von außen nach innen wird, desto kleiner wird das Innen. Wenn Du einen Schneeball zusammendrückst, wird der innere Bereich kleiner. Wird der innere Druck der Knospe zu hoch, geht sie auf und es erstrahlt eine schöne Blume.

Bleibst Du in Deiner Kraft, bündelt sich die Energie bei dir und Du kannst damit die Welt verändern. Deine Welt.
Vom Gehirn als relevant eingestuft werden zuallererst Gefahrensignale, außerdem Unbekanntes. So werden einerseits neuartige Reize mit Aufmerksamkeit bedacht (Orientierungsreaktion, Neugier). Andererseits richtet sich die Aufmerksamkeit auf emotional belegte Informationen, die ein indirekter Marker für die Wichtigkeit für den Organismus sind. Je emotionsgeladener eine Wahrnehmung ist, desto leichter fällt es uns, unsere Aufmerksamkeit darauf zu richten. Bedürfnisse, Interessen, Einstellungen und Motive spielen daher bei der Entstehung und Verteilung der Aufmerksamkeit eine große Rolle. (Wikipedia)

Der Prozess der Aufmerksamkeitszuwendung ist dabei gekennzeichnet durch Zuwendung (Orientierung) und Auswahl (Selektivität) der Gegenstände und der damit verbundenen Unaufmerksamkeit gegenüber anderen Gegenständen. Die Zuwendung ist durch eine gesteigerte Wachheit und Aktivierung charakterisiert, während die Selektivität die Funktion eines Filters hat, um wichtige und unwichtige Informationen voneinander zu trennen.

Sicherlich kennst Du das auch, dass das Leben nicht immer so verläuft wie Du es Dir vorstellst. Bestimmt suchst Du die Schuld hierfür erst mal bei anderen. Dein Partner ist oftmals mit sich selbst beschäftigt und Du siehst ihn als Egoisten? Dein Chef hat es auf Dich abgesehen, weil Du immer die „Drecksarbeit" machen musst? Deine Kollegen arbeiten nicht mit Dir Hand in Hand sondern wälzen die ganze Arbeit auf Dich ab? Deine Kinder sind total undankbar, obwohl Du alles für sie machst? Findest Du Dich in diesen Aussagen gerade wieder? Sind hier wirklich immer die anderen schuld? Solltest Du das wirklich denken, dann solltest Du vielleicht umdenken. Ich möchte nicht damit sagen, dass der Fehler bei Dir liegt, nein, sicherlich trifft manchmal auch die anderen die Schuld, doch Dich stört das Tun der anderen. Du kannst Deine Mitmenschen nicht ändern. Sicherlich wirst Du es bereits versucht haben. Du wirst Gespräche gesucht und auch Deinen Standpunkt immer wieder auf den Tisch gelegt haben. Doch Menschen lassen sich nicht durch andere Menschen verändern wenn sie dies nicht wirklich aus vollem Herzen möchten. Du kannst einen Menschen nur verändern, wenn dieser daraus einen Nutzen zieht. Beispielsweise sagst Du Deinen Kindern, wenn Sie Dir im Haushalt helfen, dann schenkst Du Ihnen zu Weihnachten ein Auto. Wenn dies ein sehnlicher Wunsch ist, so werden sie fortan mit Dir an Deiner Seite kämpfen. Sie werden Dir helfen, Dich unterstützen und immer für Dich da sein. Haben Sie zu Weihnachten das sehnlichst gewünschte Geschenk erhalten, so lässt die Unterstützung nach. Sie sehen keinen Grund mehr Dich weiter zu unterstützen. Sie meinen es sicherlich nicht böse, hier steckt eher der Gedanke dahinter, dass es sich nicht mehr für sie lohnt.

Doch wie kommst Du nun ans Ziel, wenn Dich niemand aus freien Stücken unterstützt? Schließlich kannst Du nicht jeden in Deinem Umfeld mit einem Geschenk locken, nach dem Motto: „Wenn Du mir hilfst, dann bekommst Du von mir…..." Du kannst Deine Kinder und auch Deine Mitmenschen dennoch in die gewünschte Richtung lenken. Denke zuerst an Dich und Deine Bedürfnisse. Verändere Dich und lasse Deinen Alltag nicht gewöhnlich werden. Wenn Du Dich änderst werden es die Menschen in Deinem Umfeld ebenfalls machen. Zwar ändern sich diese eher unbewusst, aber dennoch erfolgversprechend für Dich.

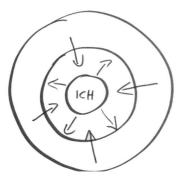

Wie gut kannst Du eigentlich Nein sagen? Hast Du Dir darüber schon einmal Gedanken gemacht? Es bittet Dich jemand um einen Gefallen, aber eigentlich passt es Dir gerade gar nicht. Schlägst Du die Bitte aus oder hilfst Du dieser Person? Egal wie Du Dich entscheidest, hinterher hast Du ein schlechtes Gewissen. Schlägst Du die Bitte aus, hast Du ein schlechtes Gewissen dieser Person gegenüber. Nimmst Du die Bitte an und Du hilfst, so fühlst Du Dich unwohl. Schon wieder musst Du Dinge machen, die Du eigentlich nicht machen möchtest. Jetzt stell Dir mal die Frage, was für Dich befriedigender ist, wenn Du dich gut fühlst oder wenn andere sich gut fühlen?

Wikipedia - Neurobiologische und kognitive Aspekte

Das Phänomen der Aufmerksamkeit rückte aufgrund des technischen Fortschritts im Zweiten Weltkrieg in den Forschungsfokus: Die Soldaten waren häufig nicht in der Lage, die neuen Geräte adäquat zu bedienen, obwohl sie daran geschult waren. Das Gehirn hat eine eingeschränkte Verarbeitungskapazität, es kann nicht sehr viele Reize gleichzeitig verarbeiten. Daher muss es selektieren, welche Informationen für den Organismus von Bedeutung sind und mit Aufmerksamkeit bedacht werden müssen und welche Informationen weniger relevant sind und daher ausgeblendet werden können. Einige Reize ziehen automatisch Aufmerksamkeit auf sich (zum Beispiel ein Knall), andererseits kann die Aufmerksamkeit absichtlich gesteuert werden. Wird einer Information nicht innerhalb von fünf Sekunden Aufmerksamkeit geschenkt, geht sie verloren (zum Ultrakurzzeitgedächtnis siehe sensorisches Gedächtnis).

Das heißt, worauf wir unsere Aufmerksamkeit lenken, wird mit Energie versorgt, wird größer, intensiver, stärker, wirkungsvoller, usw.

Das zeigt sich in Beziehungen, im Beruf, beim Erledigen alltäglicher Arbeiten, wie z.B. beim einfachen Zubereiten einer Mahlzeit. Wird die Mahlzeit mit liebevoller Zuwendung zubereitet = Erhöhung der Konzentration und der Aufmerksamkeit, ist das Ergebnis in allen Bereichen der Sinne zu erkennen. Es schmeckt einfach besser.

Dieses „Naturgesetz" läuft in den meisten Fällen des menschlichen Alltags unbewusst ab.

Versuchen Sie einmal dieses "Gesetz" bewusst einzusetzen…!
Beobachten Sie, wenn Kinder und Erwachsene nach Aufmerksamkeit ringen -bewusst oder unbewusst, um an Lebensenergie zu kommen oder korrekt ausgedrückt, um den eigenen Energiefluss wieder anzukurbeln.
Die Gretchenfrage hierzu ist „Kann ich die Situation ändern bzw. darauf einwirken, oder nicht?" Ist sie in meinem Wirkungskreis, kann ich etwas ändern. Ist sie nicht in meinem Wirkungskreis, dann wird es entweder Zeit für einen gute Cuba Libre mit viel Zitronen - denn wir wissen ja, sauer macht glücklich – oder wir entspannen anderweitig.

Bleibe in Deinem Wirkungskreis!

Wenn du versuchst es allen recht zu machen, dann hast Du mit Sicherheit jemanden vergessen: DICH!

Was sind die To Do´s dieses Themas für Dich, bevor Du ins nächste Kapitel gehst, schreibe sie auf!

Kapitel 5 – Alles entsteht von Innen nach Außen

Wenn Du Dich dazu entschieden hast endlich etwas zu verändern und dem Ruf der Freiheit zu folgen, dann wirst Du ganz außergewöhnliche Erfahrungen machen. Du wirst Deine eigenen Grenzen überwinden und Menschen in Deinem Umfeld werden Dich für Deine Stärke und Deinen Mut bewundern. Du wirst mit der Zeit nicht nur lernen, sondern auch wachsen und am Ende kannst Du sagen, dass Du jetzt lebst.

Jeder Gedanke, jede Blume, jeder Baum, … wächst von Innen nach Außen.

Innen ist die Kraft in Dir. Jeder lebt in einer eigenen Welt. Wie groß sie ist, liegt an Dir.

Immer wieder können Menschen sich nicht verändern, obwohl der Wunsch nach einer Veränderung groß ist. Oftmals haben Menschen vor einer Veränderung Angst und diese ist ihr ständiger Begleiter. Hast Du auch Angst davor Veränderungen in Dein Leben zu lassen? Fragst Du Dich auch, ob Dich Deine Angst beherrscht oder ob Du es schaffst aus ihrem Schatten zu treten? Wovor hast Du Angst?

Schreibe Deine Ängste auf, damit Du sie Dir später ansehen kannst, dann, wenn Du genau diese Ängste besiegt hast.

1. Punkt: _____

2. Punkt: _____

3. Punkt: _____

4. Punkt: _____

5. Punkt: _____

Deine Angst sollte Dich niemals beherrschen, merke Dir das für die Zukunft. Respekt vor einer bestimmten Sache ist immer gut, denn Respekt bedeutet, dass Du vorsichtig an die Sache herangehst. Nutze den Respekt, um Deine Ziele zu erreichen!

Es ist wichtig, dass Du Deine Angst akzeptierst, denn auch die Angst entsteht von Innen nach Außen und ist ein Teil von Dir. Immer wieder stellt man sich Situationen erst, wenn man an einen bestimmten Punkt angelangt ist. Dieser Punkt ist dann erreicht, wenn der Leidensdruck unerträglich geworden ist. Kennst Du das auch? In einer solchen Situation bist Du gewiss schon einmal gewesen. Was hast Du da gemacht? Sicherlich hast Du in diesem Moment das für Dich eigentlich Unmögliche möglich gemacht, oder? Menschen, die ein Macher sind, die drehen diesen Spieß einfach um. Ja, Du hast richtig gehört, denn Macher möchten stets eine Veränderung in ihrem Leben haben und lieben es, der Angst ein Schnäppchen zu schlagen. Diese Menschen haben viel mehr Angst davor, dass in ihrem Leben alles beim Alten bleibt. Diese Menschen leben ihr Innerstes nach außen.

Stell Dir vor es tritt eine Veränderung in Deinem Leben auf, eine Veränderung, die durch Dein Handeln hervorgerufen wurde. Schiebe Deine Angst einfach einmal beiseite. Nun stelle Dir weiter vor, was das Schlimmste für Dich wäre, das passieren könnte? Ich bin mir sicher, dass Dir diese Vorstellung gerade nicht behagt. Doch es muss sein. Nun ist das Schlimmste, vor dem Du immer Angst hast eingetreten und nun stelle Dir die Frage, ob Du eine Lösung finden könntest?

Die Realität ist in den meisten Fällen niemals so schlimm wie wir sie uns vorstellen. Ein Beispiel wäre hier der Gang zum Zahnarzt. Du hast Angst vor der Behandlung und schon Wochen vor dem Termin kannst Du nicht schlafen. Du hast Angst. Am Tag der Behandlung verlässt Du die Praxis bereits nach kurzer Zeit. Der Zahnarzt hat Deine Zähne untersucht und musste weder bohren noch ziehen. Alles war in Ordnung. Im Vorfeld hast Du Dir täglich Gedanken gemacht und hattest große Angst vor diesem einen Termin. Nach der Behandlung kannst Du sagen, dass es doch nicht so schlimm war, wie Du dachtest. Dies war nur ein Beispiel, aber genauso ist das Leben. Viele Dinge die uns Angst machen sind am Ende gar nicht so schlimm und lassen sich ganz einfach aus der Welt schaffen.

Kapitel 6 – Lernen / Neugier

Im Kindesalter fangen wir mit dem Lernen an. Wir lernen Laufen, Sprechen, Essen und viele Dinge mehr. Je älter wir werden, umso mehr steigt die Neugier, die Neugier nach dem Unbekannten. Kinder möchten alles erkunden, kennenlernen und ausprobieren. Sie haben niemals Angst vor Veränderungen, sie ziehen diese quasi magisch an. Warum hast Du also Angst, dass sich in Deinem Leben etwas verändern könnte? Schließlich warst Du auch einmal ein Kind. Gehe aus Deiner Komfortzone und entdecke die Welt, sei wieder ein Kind und lerne mit Neugierde. Behältst Du Dir die kindliche Neugier, so ruft die Freiheit Deinen Namen.

Du solltest Deine Komfortzone mit jedem Tag Deines Lebens ein Stück weiter nach außen verschieben. Wann immer Du Angst oder Unwohlsein verspürst, solltest Du Dir Gedanken über die Absicht Deines Handelns machen. Deine Intention sorgt für Klarheit bei Dir und Deinen Mitmenschen. Klarheit ist das, was viele Menschen benötigen, um ihren Weg zielstrebig gehen zu können. Auf der Arbeit musst Du Anweisungen geben oder Du bekommst welche, je klarer diese formuliert sind, desto besser können sie ausgeführt werden. Eine klare Aussage, die Du triffst, die stärkt Dein Selbstbewusstsein. Eine Intention schafft zudem immer ein unsichtbares Band zwischen zwei oder auch mehr Menschen. Triffst Du eine Aussage und andere Menschen folgen Dir, so verspürst Du ein positives Gefühl und Du bist motiviert.

Es gibt zahlreiche positive Werte im Leben, die einen Menschen ausmachen. Nicht alle dieser Werte bekommt man geschenkt, viele muss man sich hart erarbeiten. Doch auch negative Werte sind Bestandteil eines jeden Lebens. Diese hat man sich praktisch anerzogen, doch man kann daran arbeiten diese negativen Werte in Positive umzusetzen. Einige positive Werte möchte ich Dir vorstellen, vielleicht findest Du Dich in diesen wieder.

Achtung	Gehorsam	Menschlichkeit
Sauberkeit	Treue	Akzeptanz
Gelassenheit	Mitgefühl	Selbstständigkeit
Vertrauen	Anerkennung	Großzügigkeit
Offenheit	Sicherheit	Wahrheit
Bescheidenheit	Intelligenz	Ordnung
Sparsamkeit	Zusammenhalt	Erfolg
Karriere	Pünktlichkeit	Stärke
Zuverlässigkeit	Fürsorglichkeit	Lebensfreude
Rücksicht	Veränderung	Unabhängigkeit

Doch es gibt im Leben nicht nur positive Werte, sondern uns begleiten auch immer wieder die negativen Werte, auch diese möchte ich Dir nicht vorenthalten.

Angst	Faulheit	Missgunst
Sturheit	Versagen	Arroganz
Frustration	Misstrauen	Trägheit
Wut	Betrug	Geiz
Naivität	Unehrlichkeit	Zorn
Brutalität	Neid	Schwäche
Unordnung	Intoleranz	Eifersucht
Langeweile	Streit	Unpünktlichkeit
Erniedrigung	Einsamkeit	Lügen
Stress	Gewalt	Stillstand

Beziehe diese Werte einmal auf Dich persönlich und auf Dein Leben. Findest Du Dich in einigen dieser Werte wieder? Erfährst Du beispielsweise Anerkennung oder bist Du oftmals in Deinem Leben gelangweilt? Schreibe die 5 wichtigsten positiven Werte auf, Werte die Du in Deinem Leben nicht missen möchtest. Danach nehme Dir ein Herz und schreibe die 5 Werte auf, die Du in Deinem Leben vermeiden möchtest.

Positive Werte

1. Wert: _____

2. Wert: _____

3. Wert: _____

4. Wert: _____

5. Wert: _____

Negative Werte

1. Wert: _____

2. Wert: _____

3. Wert: _____

4. Wert: _____

5. Wert: _____

Den größten Fehler, den wir in unserem Leben machen ist sicherlich der, dass wir unser tägliches Verhalten nach unserer Intention bewerten. Das Verhalten unserer Mitmenschen bewerten wir jedoch eher nach deren Ergebnissen. Dies ist ein großer Fehler, den es zu vermeiden gilt.

Wir haben Gute und schlechte Tage und manchmal überwiegen die schlechten Tage. Wenn dies über einen längeren Zeitraum der Fall ist, werden wir mutlos. Manchmal sind wir uns sicher, dass die schlechten Tage durch unsere Mitmenschen ausgelöst werden, manchmal denken wir auch, dass das Leben uns einen Strich durch die Rechnung macht. Doch denken wir auch darüber nach, ob es vielleicht an uns selber liegen kann? Geht bei Dir im Leben viel schief, glaubst Du, dass es an Dir liegt? Ja? Dann ist es doch ganz einfach, ändere etwas an Deinem Leben. Versuche Deinem Leben zu zeigen, in welche Richtung es gehen soll. Du musst immer daran denken, dass die Freiheit Deinen Namen ruft.

Sei im Leben stets neugierig. Zeige ständig Bereitschaft etwas zu lernen. Ich sage nicht, dass es einfach werden wird, doch ich bin mir sicher, dass auch Du es schaffen wirst, Dein Leben positiv zu verändern. Du hast Das Laufen und auch das Sprechen gelernt und bereits große Hürden in Deinem Leben genommen. Hier gelten Ausreden nicht wie „ich bin zu alt oder zu jung." Auch Ausreden wie „ich habe da keine Lust drauf oder ich verstehe das nicht." Du bist niemals zu alt oder zu jung und Lust auf eine bestimmte Sache bekommst Du, wenn Du es Dir selber schmackhaft machst. Auch wenn Du etwas nicht verstehen solltest, so kannst Du dich selber dazu bringen es zu lernen. Du glaubst gar nicht, was für ein schönes Gefühl es ist, etwas zu lernen und später damit umgehen zu können.

„Der Weg wird erst dann ein Weg,
wenn einer ihn geht."

Kapitel 7 – Stetig wachsen

Herrscht bei Dir Stillstand? Hast Du das Gefühl, dass sich in Deinem Leben nichts verändert? Glaubst Du vielleicht, dass Du schon alles kennst und gesehen hast und nun am Ende Deines Wachstums angekommen bist? Nein, Du kannst stetig wachsen, selbst wenn Du bereits zu den älteren Jahrgängen gehören solltest. Man lernt nie aus, dieser Satz ist bekannt und in ihm steckt viel Wahrheit.

Langsam wachsen wie ein Baum.

Flachwurzler und Tiefwurzler Bäume bilden einen bedeutenden Unterschied. Die Tanne ist ein Tiefwurzler und hält somit mehr Wind stand. Die Fichte, die ein Flachwurzler ist, hat nicht so viel Halt.

Bäume, die langsam wachsen, haben ein besseres und härteres Holz, gegenüber den schnell wachsenden Bäumen, die schwächer sind und über kein hartes Holz verfügen.
Wie bei Menschen und Firmen, die sich langsam entwickeln, die biologisch wachsen und dadurch stärker sind. Diese halten Stürmen eher stand als schnell wachsende.
Woran mag das liegen? Wer sich langsam und besonnen entwickelt, der denkt über seine Schritte oftmals wesentlich intensiver nach. Er wägt das Für und Wieder genau ab. Er nimmt Rückschläge hin nach dem Motto hinfallen und wieder aufstehen. Wer jedoch schnell wächst, der hat den schnellen Erfolg, ist von sich überzeugt und setzt alles in den Wachstum, doch eine Ruhephase gönnt sich dieser Mensch keinesfalls. Irgendwann gelangt er an den Punkt,

wo er hinfällt und keine Kraft mehr hat aufzustehen. Stetig wachsen und dies in den Schritten, die einem das Leben schenkt. Gib alles, doch denke dabei auch an Dich. Es gibt einige Dinge, die Du stets beachten solltest, um zu wachsen.

Eigenverantwortung

Eigenverantwortung zählt sicherlich zu den Dingen, die besonders wichtig sind, wenn Du stetig wachsen möchtest. Du musst Verantwortung für Deine eigenen Ideen tragen, Verantwortung für Deine Entscheidungen, aber auch Verantwortung für Deine Handlungen. Bei diesen Eigenverantwortungen, die Du selbst zu tragen hast, gibt es keinerlei Ausreden, Du darfst keine Kompromisse eingehen und auch keine Ausnahmen machen. Nur wenn Du Dich daran hältst, dann kannst Du stetig wachsen und die Freiheit ruft Deinen Namen.

Mut

Egal, ob Du wachsen möchtest oder eine Veränderung anstrebst, zu jeder Umsetzung gehört Mut. Verlässt Du Deinen bekannten Weg, um eine Veränderung zu erlangen, so benötigst Du eine Menge Mut. Oftmals fehlt das benötigte Geld, die Erlaubnis anderer Menschen oder auch ein bestimmter Titel. Lasse Dich davon jedoch nicht entmutigen. Verinnerliche, dass neue Ideen oftmals von anderen Menschen belächelt oder sogar bekämpft werden. Doch in genau diesem Fall brauchst Du Mut, um Deine Ideen und Wünsche umzusetzen.

Verantwortung für andere Menschen tragen

Es ist wichtig, wenn Du in Deinem Leben stetig wachsen möchtest, dass Du diesen Weg nicht alleine beschreiten kannst. Egal ob Du im Job, bei der Familie oder bei Freunden wachsen möchtest. Wachsen kannst Du nur im Team. Unterstützung ist hier sehr wichtig, um Deinen Weg zu beschreiten. Du kannst nur im Team funktionieren. Hole Dir Unterstützung von Familienmitgliedern, Kolleginnen und Kollegen, Freunden oder auch Mitarbeiterinnen und Mitarbeitern.

Entscheidungsfähigkeit

Zählst Du eher zu den Menschen, die sich scheuen eigene Entscheidungen zu treffen oder bist Du ein echter Macher? Fällst Du Deine eigenen Entscheidungen und versuchst diese stets umzusetzen, koste es was es wolle? Wichtig ist, dass Du Dich immer eindeutig und verständlich entscheidest und ganz wichtig, Deine Entscheidung muss zeitnah fallen. Die Gewissheit ist so wichtig, für Dich selbst, aber auch für die Menschen in Deinem Umfeld. Niemand mag es nicht zu wissen wie es weitergeht, nicht zu wissen, was als nächstes passieren soll und nicht zu wissen, woran sie sich orientieren sollen.

Klarheit

Wichtig ist, dass Du stets zu Deinem Wort stehst. Du darfst niemals unentschlossen sein und Dich täglich anders entscheiden, denn dann nimmt Dich niemand mehr ernst. Je klarer Deine Aussagen sind und je öfters Du zu Deinem Wort stehst, desto verlässlicher wirst Du angesehen. Dies gilt für jeden Bereich Deines Lebens. Du musst Vertrauen schaffen und das geht nur durch klare Anweisungen.

Disziplin

Disziplin zählt sicherlich zu den schwierigsten Faktoren, denn Disziplin über einen längeren Zeitraum zu schaffen fällt vielen Menschen schwer. Jedoch solltest Du darauf hinarbeiten. Packe selbst mit an. Zeige, dass Du hinter Deiner Meinung stehst und arbeite hart mit. Es gibt die Aussage, dass Du wie Gott etwas erschaffen sollst, wie ein König Befehle erteilen sollst und wie ein Sklave arbeiten musst. Folgst Du dieser Weisheit, dann hast Du alles richtig gemacht.

Selbstverständlich solltest Du Dir darüber im Klaren sein, dass es in Deinem Leben nicht nur positive Dinge geben wird, auch Dinge, die Du unbedingt vermeiden solltest. Nur dann kannst Du ein Mensch sein, der stetig wächst. Es gibt eine Menge Erfolgverhinderer, die Du unbedingt auf Deinem Weg vermeiden solltest. Diese möchte ich Dir natürlich auch nicht vorenthalten.

Neid

Neid ist nicht gut, wenn Du etwas erreichen möchtest, denn Neid ist ein Ausdruck inneren Mangels. Immer wenn Du merkst, dass Neid in Dir hochsteigt, solltest Du dagegen ankämpfen. Du warst sicherlich in Deinem

Leben bereits einmal neidisch auf andere Menschen und Du wirst es auch wieder sein. Doch ändere Deine Einstellung und freue Dich über Dinge die andere erreicht haben oder noch erreichen werden. Wenn Du neidisch bist, dann möchtest Du das Gleiche erreichen. Und woran scheitert es bei Dir? Stelle Dir die Frage was Du tun musst, um das Gleiche zu erreichen? Wie erhältst Du die gleiche Hochachtung? Manchmal wird Dir genau in diesem Moment klar, dass Du eigentlich gar nicht das gleiche Ziel verfolgen möchtest, dass Du andere Ziele hast. Warum also bist Du neidisch auf Dein Gegenüber?

Negativität

Es gibt viele Menschen, die immer alles negativ sehen, Menschen die immer nur am Nörgeln sind und denen man es einfach nicht recht machen kann. Kennst Du auch solche Menschen? Magst Du deren Einstellung? Gehörst Du auch zu diesen Menschen? Wenn Du die letzte Frage mit einem klaren Ja beantwortest, so solltest Du schnell etwas daran ändern. Denn Menschen, die immer alles schlechtreden und nur am Jammern sind, die verbauen sich ihren Erfolg selbst. Eine gesunde Skepsis ist sicherlich nicht falsch, jedoch solltest Du in allem erst einmal das Positive sehen. Kommen Probleme auf Dich zu, so nehme Dich ihrer an. Analysiere sie und versuche eine Lösung zu finden. Denn wenn Du nur jammerst, so wird sich dieses Problem nicht in Luft auflösen, sondern eventuell noch schlimmer werden.

Anspruchsdenken

Anspruchsdenken, was ist denn das eigentlich? Ich denke doch nicht anspruchsvoll! Du solltest niemals glauben, dass Du etwas im Leben geschenkt bekommst, für das Du nicht vorher eine Leistung erbracht hast. Du hast kein Recht auf eine bestimmte Sache, sondern Du musst für diese eine Sache kämpfen. Verlasse Dich niemals darauf, dass Dir jemand etwas schenkt. Du bekommst schließlich Dein monatliches Gehalt auch nicht einfach so geschenkt, ohne dass Du dafür eine Leistung erbracht hast. Ebenso sieht es im Leben aus. Möchtest Du wachsen so musst Du geben, damit Du etwas zurückbekommst.

Opferhaltung

Im Leben läuft nicht immer alles nach Plan, das kennst Du bestimmt auch. Ein Misserfolg, eine unangenehme Situation oder einfach ein Ergebnis, das nicht so ausfällt, wie Du es Dir vorgestellt hast. Wie reagierst Du dann? Suchst Du die Schuld bei Dir oder eher bei anderen. Es gibt viele Menschen, die dann immer wieder gerne die Schuld bei den anderen suchen. Doch horche in einem solchen Fall einmal in Dich hinein. Gebe die Schuld für einen Misserfolg nicht Deinen Mitmenschen, sondern suche die Schuld bei Dir. Egal was im Leben passiert, Du hast es selbst in der Hand. Du kannst einen Misserfolg nur selber abwenden.

Stelle Dir einmal die Fragen, was Dich so einzigartig macht? Was unterscheidet Dich von anderen Menschen?

Vielleicht glaubst Du jetzt, dass Du nicht einzigartig bist und dass Du keinen Unterschied zu anderen Menschen erkennen kannst. Doch glaube mir, das ist nicht richtig. Jeder Mensch ist einzigartig und etwas ganz Besonderes. Manche Menschen erkennen dies jedoch nicht und machen sich kleiner als sie eigentlich sind.

Gönne Dir einen kurzen Augenblick Ruhe und stelle Dir folgende Fragen:

- Was ist eigentlich das Warum in Deinem Leben?
- Wie kannst Du am besten Energie auftanken?
- Wie möchtest Du einmal in Erinnerung bleiben?
- Wie schafft man es Dich zum Strahlen zu bringen?
- Was war das schlimmste Erlebnis in Deinem Leben?

Du solltest es ablehnen immer so zu sein wie es andere von Dir erwarten. Sei lieber so wie Du sein möchtest. Sei einfach Du selbst. Auch wenn einige Menschen das nicht verstehen werden oder Dich schief anschauen, es ist egal. Du bist Du und ein ganz besonderer Mensch, dessen Namen die Freiheit gerufen hat.

„Der sicherste Platz für ein Schiff ist der Hafen, aber dafür wurde es nicht gebaut"

Kapitel 8 – Mut zum Leben

Wenn Du Deine Einzigartigkeit zulässt, so kannst Du sagen, dass Du mutig bist. Auch wenn Du in Deinem Leben bereit bist Risiken einzugehen, gehört hier oftmals eine Menge Mut dazu. Merke Dir für Dein ganzes Leben, Du bist der Mensch, auf den Du Dich immer verlassen kannst. Dir kannst Du vertrauen. Du weißt immer, dass Du nicht betrogen wirst. Mithilfe der Kombination von Verstand und Herz bist Du stets in der Lage die beste Version von Dir selbst zu sein. Das Leben ist nicht einfach, hat auch niemals jemand behauptet. Wer dem Leben den Kampf ansagt, der braucht Mut. Mut, um Veränderungen zuzulassen, aber auch Mut, Risiken einzugehen.

Wie viele Menschen kennst Du, die eine Veränderung ankündigen oder sich etwas vornehmen und am Ende scheitern? Wie oft hattest Du schon eine tolle Idee und hast vor Begeisterung nur so gesprüht und plötzlich hast Du gemerkt, dass sich Deine Idee nicht in die Tat umsetzen lässt? Hand auf Herz, in einer solchen Situation warst Du bestimmt schon mehr als einmal, oder? Zu jeder Idee, zu jedem Lebenswunsch und zu jeder neuen Herausforderung gehört Mut. Mut ist ein ständiger Begleiter, der uns prägt und der uns immer wieder begegnet.

Es gibt einige Schritte, die Du mutig befolgen solltest, wenn die Freiheit Deinen Namen ruft.
- Treffe selbstständig eine Entscheidung
- Analysiere Deine momentane Situation
- Akzeptiere, dass Du niemals genau weißt was falsch

und was richtig ist
- Vereine Dein Herz und Deinen Verstand und treffe eine Entscheidung
- Sei Dir bewusst, dass Du für Deine Entscheidung die Verantwortung übernehmen musst
- Stehe immer hinter Deiner Entscheidung, egal wie andere Menschen darüber denken
- Sei mutig und stehe dazu, wenn Deine Entscheidung falsch gewesen ist revidiere sie

Nun möchte ich von Dir wissen, wie glücklich Du eigentlich bist. Ist Dein Leben lebenswert so wie es ist, oder möchtest Du mutig sein und etwas an Deiner jetzigen Situation verändern. Schreibe zu den folgenden Punkten auf, wie zufrieden Du genau mit Deinem Leben bist. 1 steht für eher unzufrieden und die 10 für absolut zufrieden.

1. Finanzen:_____

2. Beruf:_____

3. Gesundheit:_____

4. Familie:_____

5. Eigene Entwicklung:_____

6. Partnerschaft:_____

Hast Du die oberen Punkte ehrlich beantwortet, dann siehst Du auch auf Anhieb, in welchem Bereich Du mutig sein musst, damit die Freiheit Deinen Namen ruft.

Der entscheidende Punkt ist jedoch, dass die meisten Menschen wissen, was sich in ihrem Leben verändern muss, doch sie schaffen es nicht, eine Veränderung zuzulassen. Diesen Menschen fehlt der Mut. Sie wissen oftmals nicht, wo sie mit der Umsetzung anfangen sollen, dabei ist es ganz einfach.

Nehmen wir mal an, dein größter Wunsch ist es erfolgreich zu sein. Dann stelle Dir vorab die Frage in welchem Bereich Du Erfolg haben möchtest? Benötigst Du Bestätigung in Deiner Familie oder bei Deinen Freunden? Möchtest Du erfolgreich in Deinem Beruf sein oder vielleicht möchtest Du auch einfach nur bemerkt werden. Weißt Du genau was Du möchtest, welchen Wunsch Du hegst? Dann hast Du den ersten Schritt gemacht. Als nächstes solltest Du Visionen haben. Stelle Dir vor, was wäre, wenn Du erfolgreich wärst? Wie würde dieser Erfolg Dich und Deine Umgebung verändern? Jetzt huscht sicherlich ein Lächeln über Dein Gesicht. Du bist am Träumen und findest diese Vorstellung traumhaft schön. Nun musst Du Dir Gedanken über die Umsetzung machen. Wie kannst Du Deinen Traum vom Erfolg verwirklichen? Stopp, lass solche Gedanken, die Du gerade hast, nicht zu. Denke nicht, dass Du es niemals schaffen wirst oder dass Du finanziell nicht in der Lage bist. Denke auch nicht, dass Du einfach nicht mutig genug bist oder dass andere Dich bei Deiner Entscheidung nicht unterstützen werden. Denke

einfach immer und immer wieder, „Ja, das schaffe ich."
„Ich möchte mir diesen Traum erfüllen" und „Ja, ich bin
mutig genug, um mein Leben zu verändern." Nun musst
Du Dir ein Ziel setzen. Setze Dir als Ziel den 31.12 oder ein
anderes Datum. Es spielt keine Rolle, jedoch solltest Du
ab jetzt an Dir arbeiten und den Mut haben dieses Ziel mit
allen Hindernissen zu erreichen und zu überwinden. Vielleicht machst Du Dir eine Liste, was Du am Tag erledigen
möchtest, um Deinem Ziel vom Erfolg näher zu kommen.
Diese Liste arbeitest Du ab. Doch schiebe die unangenehmen Dinge auf dieser List nicht vor Dir her, sondern gehe
sie an. Du musst Mut haben endlich aufzustehen und zu
handeln. Solltest Du es alleine nicht schaffen oder manchmal zweifeln, so rede mit Freunden, mit der Familie oder
anderen Menschen, deren Meinung für Dich wichtig ist
und denen Du vertraust.

Du musst unbedingt wissen, was Du nicht mehr möchtest, aber andererseits auch wissen, was Du in Zukunft
möchtest. Glaube stets an Dich und mit Disziplin und Mut
wirst Du es zum Erfolg schaffen. Nehme Rückschläge hin,
denn sie gehören zum Leben dazu. Du wirst an den Punkt
gelangen, wo Du Dir denkst, dass es doch schön war ein
geregeltes Leben zu führen, ein Leben, in dem Du nicht
immer wieder aufstehen musstest. Du wirst ebenfalls darüber nachdenken, alles was Du bis zu diesem Zeitpunkt
geschaffen hast einfach hinzuschmeißen. Vielleicht fließen
auch Tränen. Doch dann, genau in einem solchen Moment
musst Du Dir wieder sagen, dass Du mutig bist, dass Du
Durchhaltevermögen hast und Dir zudem vorstellen wie
es sein wird, wenn Du Dein Ziel erreicht hast.

Kapitel 9 – Potenzial ausschöpfen

In diesem Kapitel möchte ich Dir helfen Dein Potenzial auszuschöpfen. Doch zuerst solltest Du Dich fragen, wer Du eigentlich bist? Wie ist Dein Leben? Wovor hast Du am meisten Angst? Ich möchte das Thema Mut in diesem Kapitel noch einmal aufgreifen, denn Mut begleitet uns ein Leben lang. Jeden Tag müssen wir auf gewisse Art und Weise mutig sein. In manchen Fällen fällt es uns leicht den erforderlichen Mut aufzubringen, doch es gibt auch viele Situationen, in denen uns Mut eine hohe Überwindung kostet. Wer mutig ist, der hat keine Angst……..Denkst Du auch so? Es ist nicht zutreffend, denn auch Menschen, die immer wieder mutig sind, haben oftmals Angst vor dem, was dieser Mut auslösen kann. Jeder Mensch, der mutig ist hat Angst. Denn wir bräuchten nicht mutig zu sein, wenn wir keine Angst haben würden.

Manche Menschen verwechseln den Wagemut mit Mut. Wer wagemutig ist, der gelangt oftmals in Situationen, die ihm Schwierigkeiten verursachen können. Nehmen wir das Beispiel Autorennen. Gerade Jugendliche stellen sich immer wieder einer solchen Herausforderung. Wer ist der Schnellste? Wer gelangt zuerst ins Ziel? Wer hat das bessere Auto? Doch ein Autorennen hat nichts mit Mut zu tun. Hier steht der Drang nach dem Adrenalin-Kick im Vordergrund. Jeder, der auf der Suche nach einer solchen Herausforderung ist, ist wagemutig. Wer wagemutig ist, kommt zudem oftmals in kritische Situationen. Bei einem Autorennen kann es leicht zu einem Unfall kommen. Sie sind in einem solchen Fall keinesfalls mutig.

Glauben Sie, dass Sie eher zu den ängstlichen Menschen gehören und dass die Menschen in Ihrem Umfeld wesentlich mutiger sind? Das ist ein Irrtum. Sie sollten verinnerlichen, dass es keine Menschen gibt, die nur ängstlich oder nur mutig sind. Es gibt immer wieder Momente, in denen die Angst dem Mut weicht und umgekehrt. Menschen, die in Deinen Augen oftmals besonders mutig sind, haben ein großes Potenzial zu wachsen. Du solltest endlich aufhören Dich mit anderen Menschen zu vergleichen. In Deinem Leben wird es immer andere geben, die mutiger und besser sind als Du, aber es wird auch immer Personen geben, die ängstlicher sind als Du. Meistens ist es so, dass diese Menschen, die in Deinem Schatten stehen und ängstlicher sind, Dir gar nicht auffallen.

- Höre damit auf, Dich mit anderen Menschen zu vergleichen. Es spielt keine Rolle für Dein Leben wer besser und mutiger ist, denn Du bist Du und führst ohnedies ein eigenes, ganz anderes Leben.
- Auch wenn Du mutigen Menschen gegenübertrittst und diese vielleicht beneidest, weißt Du nicht, ob diese wirklich immer so mutig sind. Du weißt nicht, was hinter deren Mut steckt, wie viel Überwindung es sie gekostet hat, mutig zu sein.
- Oftmals sind Menschen in unserem Umfeld gar nicht so mutig wie wir denken, denn wir sind uns selbst gegenüber oftmals wesentlich selbstkritischer.

Du kennst bestimmt auch die Menschen, die ständig ins Fitnesscenter rennen und trainieren, damit sie Muskeln bekommen, oder? Hier heißt das Zauberwort trainieren, trainieren und nochmals trainieren.

In der Schule ist es dasselbe, je mehr Du Zuhause lernst, umso besser bist Du in der Schule. Hier geht es ausschließlich um das Lernen bzw. Trainieren.

Wenn ein Tennisspieler ein Zwei-Stunden-Match hat, dann hat er im Durchschnitt vier Sekunden Ballkontakt, nicht mehr!!! Umso wichtiger ist es dabei, so oft und intensiv wie möglich zu trainieren, dass Bewegungen und Schläge verinnerlicht werden um diese zu automatisieren und im Unterbewusstsein abzuspeichern.

Du hast sicher schon von dem Eisberg Prinzip gehört. Vom Eisberg ragt nur ein kleiner Teil vom Wasser raus. Der größere Teil ist nicht sichtbar. Hier spricht man davon, dass der sichtbare Teil der ist, den man bei erfolgreichen Menschen sieht. Das ist zum Beispiel das schöne große Haus, das sind Luxusurlaube, tolle Autos, das ist schöne Kleidung und die sichtbare Freude.

Was hier dahinter steckt, sieht man nicht. Es bedarf vieler Entbehrungen und harter Arbeit um erfolgreich zu sein. Diese Menschen verzichten auf viele Dinge, um diesen Erfolg erreichen zu können. Es zahlt sich aus, an sein Glück zu glauben um frei und glücklich zu sein.

Psychologen sprechen hier auch vom Bewusstsein und Unterbewusstsein. Das Bewusstsein ist der kleine Teil, den man sieht. Was uns Menschen mehr prägt, ist aber der untere Eisberg, das nicht sichtbare Unterbewusstsein.

Meine Frage an Dich: Was glaubst Du, wohin bewegt sich der Eisberg, wenn die Wasserströmung unter Wasser in eine Seite verläuft und oberhalb des Wassers eine Luftströmung in die gegengesetzte Richtung. Ja genau, der Eisberg bewegt sich mit der Strömung des Wassers. Um bei unseren Beispielen zu bleiben, unseren Weg bestimmt das Unbewusste, das Trainieren und das ständige Aktiv-sein.

ERFOLGSFORMEL
Erfolg = Potential – Äußere Einflüsse

Denn von nichts kommt nichts. Genauso ist es mit der Angst und dem Mut. Bist Du ein eher ängstlicher Mensch und aus Deiner Sicht fehlt es Dir an Mut, dann musst du trainieren. Natürlich sollst Du jetzt nicht ins Fitnessstudio gehen und Deine Muskeln aufbauen. Du sollst Deine Angst trainieren oder besser gesagt, trainiere Dir den Mut an. Wer immer trainiert, der wird mit der Zeit stärker.

Wer einen großen Schritt wagt, der für einen anderen nicht umsetzbar ist, der gilt als mutiger Mensch. Doch hier weiß man nicht, was dieser „mutige Mensch" vorab eventuell für Qualen erlitten hat, um sich seiner Angst zu stellen und den „mutigen Schritt" gehen zu können. Viele Menschen glauben immer, dass sogenannte mutige Taten für jeden sichtbar sind, doch das ist nicht der Fall. „Du bist mutig, Du hast es geschafft Deinen Job zu wechseln." Auch die Aussage „Du bist aber mutig, dass Du es geschafft hast, Dich von Deinem schrecklichen Partner zu trennen." Zu jeder ach so mutigen Tat gehört auch Angst. Du musst nicht glauben, dass sich mutige Menschen aus einer Laune heraus von ihrem Job oder Partner trennen. Hier stecken oftmals jahrelange Überlegungen dahinter. Immer wieder der Gedanke, was wäre wenn…….? Möchtest Du also auch mutig sein und Dein ganzes Potenzial ausschöpfen, so lasse Dir die Zeit, die Du brauchst. Gehe jeden Schritt langsam und überlegt an. Lasse Dich zu nichts zwingen. Du alleine weißt wann der Zeitpunkt gekommen ist Deine Angst zu überwinden.

Jeder Mensch, auch Du oder ich verfügen über Potenzial. Wer sein Potenzial erkannt hat und dieses ausschöpfen möchte, der muss die beste Version seiner selbst werden. Du brauchst Planung, Zeit, aber auch Anstrengung. Dein Potenzial optimal auszuschöpfen ist nicht einfach, doch das hat auch niemand behauptet. Ein solcher Prozess ist umfassend und Du kannst es niemals über Nacht schaf-

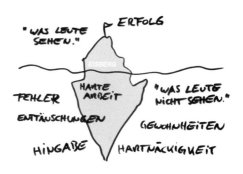

fen. Sei Dir dessen bewusst. Du bist unsicher, welches Potenzial in Dir steckt, dann möchte ich, dass Du jetzt folgende Aufgaben löst:

- Schreibe Deine Stärken, Schwächen und Werte auf
- Erkennst Du Punkte, die Du an Dir verbessern möchtest wie beispielsweise ehrgeiziger werden, freundlicher sein oder durchsetzungsfähiger?

Sicherlich ist Dir bewusst, wer etwas erreichen möchte, der muss sich Ziele setzen. Erfolg kann man jedoch nur haben, wenn man sein ganzes Potenzial ausschöpft und auch nur, wenn man zu gleichen Teilen ängstlich und mutig ist.

Wir Menschen verhalten uns wie Kühe auf der Weide. Wenn wir wüssten, dass der kleine Zaun einfach zu durchlaufen wäre. Nur die kleinen Stromschläge halten uns zurück. Die Stromschläge sind wir, kleine Fehlentscheidungen. Wenn wir daraus lernen, können wir uns eine Strategie ausdenken. Der kleine Stromstoß hat ja nichts verursacht, außer einen kleinen Schrecken.

Jetzt ist die Zeit gekommen, mit dem Träumen aufzuhören und Dein Ziel zu verfolgen. Halt! Stopp! Du denkst doch nicht schon wieder, dass Du nicht mutig genug bist den ersten Schritt zu gehen? Du denkst doch jetzt nicht etwa, dass Du es nicht schaffen kannst? Nein, schiebe diese Gedanken der Angst vor dem ersten Schritt jetzt schnell beiseite. Ich dachte, ich hätte es geschafft, Dich bis zu diesem Kapitel aufzubauen. Jetzt möchte ich Dich an die Hand nehmen und mit Dir gemeinsam den Weg gehen. Es ist die Zeit gekommen, in der die Freiheit Deinen Namen ruft. Du wirst Angst haben und Dich wird Dein Mut verlassen, ja und? Das ist menschlich und Du bist doch ein Mensch. Etwas möchte ich Dir noch mit auf den Weg geben, nämlich meine eigene Geschichte. Ich ziehe mich jetzt quasi vor Dir aus, aber Du wirst sehen, dass auch ich dem Ruf der Freiheit gefolgt bin.

Mein Leben war langweilig aus jetziger Sicht. Jeden Tag bin ich aufgestanden und habe einfach nur funktioniert. Ich war unzufrieden mit meinem Leben und habe mir immer wieder die eine Frage gestellt: „War das schon alles in meinem Leben? Da muss es doch noch mehr geben." Immer wieder bin ich an diesen Punkt angekommen. Teilweise habe ich mich gelangweilt, obwohl ich immer etwas zu tun hatte. Irgendwann habe ich mir einen Zettel und einen Stift genommen und alle Wünsche für mein Leben aufgeschrieben. Da stand einiges am Ende zu lesen. Einige Wünsche waren mir vor dieser Liste gar nicht so bewusst. Erst beim Schreiben kamen mir immer mehr Dinge in den Kopf, Dinge die mir vorher gar nicht bewusst waren. Vielleicht erstellst Du auch eine solche Liste. Du wirst überrascht sein, was Dir auf einmal alles für Wünsche in den Kopf kommen. Die vielen Wünsche haben sich bei mir schnell in Ziele umgewandelt.

- Ich wünsche mir Erfolg
- Ich möchte einen Beruf haben, der mich ausfüllt und mir Spaß bereitet
- Ich möchte eine Weltreise machen
- Ich möchte eigenverantwortlich arbeiten
- Ich möchte ein unbeschwertes Leben führen
- Ich möchte viel Geld verdienen, damit ich meiner Familie etwas bieten kann
- Ich wünsche mir ein eigenes Haus
- Ich möchte einen Pilotenschein machen
- Ich möchte mich mit ……...versöhnen

Viele, viele Punkte die auf meinem Wunschzettel gestanden haben. An der Liste kannst Du erkennen, dass sich hier einige Wünsche befinden, die aus Deiner Sicht sicherlich leicht umsetzbar sind, aus meiner Sicht hatte ich vor der Umsetzung teilweise große Angst. Ich brauchte erst einmal eine Menge Mut. Wie sieht Deine Liste aus? Ist sie kürzer oder länger? Stehen auf Deiner Liste auch Wünsche oder Ziele, die für Dich gerade noch unerreichbar scheinen? Sehr gut, denn jedes Ziel erfordert eine Herausforderung, sonst wäre es doch langweilig. Hast Du diese Herausforderung angenommen, dann arbeite, arbeite und nochmals arbeite daran Dein Ziel zu erreichen. Ich bin mir sicher, dass Du es schaffen wirst. Ich rate Dir mit dem aus Deiner Sicht einfachsten Ziel zu beginnen, denn so kannst Du davon ausgehen einen Erfolg zu verzeichnen. Ein solcher macht Dich mutig. Nach Deinem ersten Erfolgserlebnis solltest Du von Deiner Liste einen aus Deiner Sicht schwereren Punkt in Angriff nehmen. Arbeite daran, diesen erfolgreich umzusetzen. Setze Deinen ganzen Mut und Dein ganzes Potenzial ein und gehe an diese für Dich vielleicht so empfundene Mammutaufgabe mit Gelassenheit heran.

Kapitel 10 – Puzzle des Lebens

Der wichtigste Mensch in Deinem Leben bist Du, alleine Du!

Das Puzzle des Lebens. Wir stehen oft vor Themen und Problemen, die sich schon seit einer gewissen Zeit ange-kündigt und entwickelt haben. Sie sind schleichend in unser Leben getreten. Schritt für Schritt auf leisen Sohlen haben sie sich in unser Leben integriert.

Ob es die Diskussionen in der Partnerschaft sind, Krank-heitsbilder oder Schwierigkeiten in der Arbeit. Wir neh-men sie hin, wir lernen mit ihnen zu leben. Wir lenken uns ab und doch sind sie immer wieder präsent. Sie kommen immer regelmäßiger und stärker. Wir sind froh, wenn sie wieder weg oder weniger sind. Aber wie ein Schatten ver-folgen sie uns.

Es ist ein Prozess, der sich ständig weiterentwickelt. Er nimmt immer mehr Platz ein und auf einmal merken wir, es ist etwas zu tun. Kann jemand helfen? Wer kennt sich da aus? Freunde können nichts mehr als gut zureden.
Wir verlieren ein Lebensbild, das langsam aber sicher we-niger zu erkennen ist. Wie bei einem Puzzle, bei dem im-mer wieder ein Puzzlestein rausgenommen wird.
Wir erkennen uns selbst nicht mehr. Wir erkennen unser Selbstbild nicht mehr, da uns Teilchen fehlen. Wir finden die fehlenden Teilchen nicht mehr, wir können sie durch unsere Brille nicht mehr sehen.
Jetzt brauchen wir jemanden der uns beim Suchen und

Einsetzen der Puzzleteilchen hilft.

Bei Krankheiten gehen wir zum Arzt, der soll es wieder richten, er soll es wieder zusammensetzen. Aber mit einer Tablette oder mit einer Operation ist es nicht getan. Es gehört mehr dazu.

Jeder Mensch gibt seinem Leben einen eigenen Rahmen und gibt so sein Leben vor. Jeden Tag kommt ein Puzzleteilchen hinzu. Manchmal ist es Glück, manchmal Trauer und manchmal auch einfach eine neue Erfahrung. Dann ist es eine Unterhaltung mit einem anderen Menschen, der einem, mit gewissen Aussagen, Impulse gibt und damit Erkenntnisse bzw. ein weiteres Puzzleteilchen für eine Weiterentwicklung gibt.

Es kann ein Buch oder ein Seminar sein, dass sich mit Deinem Problem beschäftigt. Es ist der Besuch bei einem Heilpraktiker, Mentaltrainer oder Coach. Nach jedem dieser Akzente, kommt ein fehlendes Puzzlestück dazu.

Gerade diese Puzzleteile machen uns mutiger und stärker. Sie machen aus uns den Menschen, der wir heute sind, einen Menschen voller Ziele und Träume, aber auch einen Menschen, der manchmal erschöpft ist. Stolpersteine und Wegmarken gehören in das Leben eines jeden Menschen. Du weißt sicherlich auch, dass unser Leben niemals genauso verläuft wie wir es planen oder uns erhoffen. Sehr oft wird unser Leben von Krisen durchbrochen. In vielen Fällen passiert dies ohne unser Zutun. Hat Dich das Schicksal auch schon einmal ganz unerwartet getroffen? Bist Du vielleicht in ein tiefes Loch gefallen? Hast Du Dich in diesem Moment hilflos, ausgeliefert oder sogar alleingelassen gefühlt? Solche Gefühle entstehen oft nicht von heute auf morgen sondern entstehen über einen längeren Zeitraum. Bei Dir waren es vielleicht langfristige Belastungen oder einschneidende Erlebnisse.

- Die plötzliche und unerwartete Kündigung
- eine Veränderung beruflicher Natur
- plötzliche Kritik, die unerwartet auf Dich niedergeprasselt kam
- ein Konflikt mit einer Person, die Dir wichtig ist
- der Tod eines geliebten Menschen oder eine schwere Erkrankung
- eine Gewalttat, der Du ausgeliefert warst
- die unerwartete Trennung von Deinem Partner/Deiner Partnerin

Jedes dieser Erlebnisse bringt eines mit sich, nämlich eine Veränderung in Deinem Leben. Du verspürst einen Schmerz und zugleich weißt Du, dass eine Veränderung in Dein Leben treten wird. Du lernst schnell Dich an diese neue Situation anzupassen. Das ist nicht leicht und es wird Dich eine Menge Mut kosten, doch es ist das Puzzle des Lebens. Auch wenn es Dir jetzt nicht gerade Mut machen wird, solche Situationen entstehen im Leben immer wieder. Man kann sie nicht aufhalten und man kann ihnen auch nicht entgehen. Sie treffen einen oftmals völlig überraschend und unerwartet. Du musst Dich aufrichten und an die neue Situation anpassen. Es ist niemals ausgeschlossen, dass dieses eine Schicksal keine Wunden hinterlässt, denn genau diese Wunden machen Dich stärker, stärker für das Leben.

Auch Stress kann eine große Belastung werden, der sogar zu gesundheitlichen Problemen führen kann. Jeder Mensch hat in seinem Leben zwischenzeitlich Stress, doch dieser darf nicht zur Regelmäßigkeit werden. Es gibt Menschen, die gerade durch Stress erst so richtig in Fahrt kommen, aber auch andere Menschen, die besonders empfindlich auf Stress reagieren.

In der Psychologie spricht man von Eustress oder Distress.

Distress ist negativer Stress und unter Eustress versteht man positiven Stress. In der Psychologie weiß man, dass Stress nicht nur schlechte Folgen hat, sondern durchaus auch positiv wirken kann. Dazu gehört zum Beispiel, dass uns Stresshormone bis zu einer gewissen Grenze leistungsfähiger machen.
Was ist aber der Unterschied zwischen Eustress und Distress? Nicht jede Art von Stress macht krank. Unter Eustress versteht man, wenn man die Belastungen gut meistern kann und den Stress als positiv wahrnimmt. Dazu gehören zum Beispiel die aufgeregte Anspannung eines Sportlers vor einem wichtigen Wettkampf oder die Glücksgefühle vor einem Ereignis wie Vorfreude, Geburt oder Hochzeit.

Zum Distress hingegen gehören alle Situationen, die man als negativ empfindet. Oft kann man sie nicht zur eigenen Zufriedenheit bewältigen. Man fühlt sich überlastet und verbraucht. Typische Faktoren, die in der heutigen Gesellschaft Distress erzeugen sind die dauernde Erreichbarkeit der digitalen Welt, Doppelbelastung durch Familie und Beruf, sowie Zukunftsängste durch die Unsicherheit der Arbeitssituation.

Definition Eustress und Distress:

Eustress	Distress
• kurzfristige Anspannungsereignisse	• langfristige, wiederkehrende Überlastungen
• Fordert Dich heraus, aber Du weisst, wie Du die Situation bewältigen kannst.	• Überfordert Dich, weil Dich dich hilflos und handlungsunfähig fühlst.
• Du bist leistungsfähiger und kannst zusätzliche Kräfte aktivieren.	• Du bist gehemmt und blockiert, Probleme kannst Du nicht mehr rational lösen.
• wechselt sich mit Entspannung ab	• Entspannungsphasen fehlen
• macht Dich optimistisch, glücklich und stark	• macht Dich ängstlich, gereizt und erschöpft

Die Grenzen zwischen Eustress und Distress sind fließend. Das bedeutet, eine positive Herausforderung kann sich sehr schnell in negativen Stress umwandeln. Hält eine anfänglich motivierend empfundene Stresssituation längere Zeit an, kann sie plötzlich als Distress wahrgenommen werden.

Manche Situationen stressen Menschen, obwohl hier gar kein Grund besteht. Finde heraus, was Dich am meisten stresst. Stell Dir die Frage, ob Deine Stresssituation eine Einzelsituation ist oder eine Gesamtsituation.

Wann gerätst Du in Stress? In der folgenden Tabelle kannst Du ankreuzen, wie sehr Dich welcher Stress in Anspruch nimmt, wann Du am meisten gestresst bist und welche Faktoren Du persönlich als absolut stressfrei ansiehst. Sei ehrlich zu Dir selber und mache Dir nichts vor. Körperliche Stresssymptome sind ebenfalls das Puzzle des Lebens. Du solltest diese Faktoren ernst nehmen und je nachdem, wie viel Stress Dein Leben beherrscht, diesen von Dir abwenden. Doch schauen wir einfach einmal, wie stressanfällig Du eigentlich bist, was Dich besonders in Rage bringt und wo Du ganz entspannt lächeln kannst. Sei auf Dein Ergebnis gespannt.

Hast Du hier in den meisten Fällen mit „gar nicht gestresst" geantwortet, gehörst Du zu den Menschen, die den Stress in den meisten Fällen im Griff haben.

Hast Du die meisten Positionen mit „etwas gestresst" beantwortet, so weißt Du eigentlich, dass Dir einiges einfach zu viel ist, Du es aber dennoch machst.

Bist Du in vielen Fällen „stark gestresst" verfügst Du über ein starkes Stressempfinden. Du gehst oftmals an Deine

Grenzen und setzt Dich einem zu hohen Druck aus.

Situation	gar nicht gestresst	etwas gestresst	stark gestresst
Stau im Straßenverkehr			
Verpasster Bus			
Unangenehme Post			
Neue Aufgabe beim Job			
Erledigungen nach Feierabend machen			
Termin vergessen			
Kindergeschrei			
Streit mit einer nahestehenden Person			

Dein Körper ist derjenige, der am empfindlichsten auf Veränderungen reagiert. Dein Körper weiß oftmals vor Dir, dass Du in eine Situation geraten bist, die für Dich Stress bedeutet. Hier solltest Du unbedingt etwas ändern. Denke immer daran, dass die Freiheit Deinen Namen ruft, wenn Du es nur zulässt.

*Menschen wissen nicht,
was sie wollen. Sie wollen immer
nur das, was sie schon kennen."*

Kapitel 11 – Annehmen / loslassen

Was machst Du mit zwei Händen voller Dinge? Du kannst nichts Neues nehmen/greifen. Was passiert, wenn ein Eichhörnchen, von Ast zu Ast hüpfen möchte, aber den einen Ast nicht loslässt?

Jetzt denkst Du sicherlich, was ich Dir damit sagen möchte? Ich werde es Dir erklären. Im Leben beginnt man oftmals viele Dinge und irgendwann ist man einfach überfordert. Viele Sachen müssen erledigt werden, aber nicht eine wird fertig. Du bist verzweifelt, weißt vielleicht gar nicht mehr, womit Du anfangen sollst und am Ende hat Du viele unerledigte Dinge vor Dir liegen. Vielleicht gibst Du auf und schmeißt alles hin. Glaube mir, in einer solchen Situation bin ich auch schon gewesen und das nicht nur einmal. Doch ich habe begriffen, dass dies der falsche Weg ist. Liegen viele Aufgaben oder Herausforderungen vor Dir, so musst Du diese sortieren. Ich sortiere Sie nach Wichtigkeit, bei der Arbeit sogar nach Termin. Im besten Fall erledige ich die Arbeiten zuerst, die mir keinen Spaß machen oder die mich belasten. Jede Belastung oder jeder Stress, den ich von mir abwenden kann, ist wieder ein Stückchen mehr Freiheit.

Du musst Krisen Schritt für Schritt bewältigen. Meistens, wenn man mehrere sogenannte Baustellen vor sich hat, zerbricht man sich den Kopf. Du hast zu viel um die Ohren. Vielleicht wird Dir sogar schwindlig und Du denkst, Dein Kopf ist leer. Dein Herz klopft und Du kannst nachts nicht schlafen. Oftmals hast Du sicher auch Magenschmerzen, wenn Du viele Dinge nicht bewältigen kannst oder sogar noch vor Dir hast. Du kennst auch die Feststellung „Es geht einfach nix weiter." Du gerätst in eine Spirale, und irgendwann hast du die Nase voll. Du hast sehr viel angenommen, aber vergessen, auch wieder loszulassen.

Du musst die ersten Schritte der Bewältigung gehen, doch wie fängst Du am besten an? Am besten akzeptierst Du Deine derzeitige Situation. Sag Dir einfach, dass es so ist, wie es ist. Du solltest Deine Situation jedoch niemals schön reden. Ein erster wichtiger Schritt ist die Akzeptanz, denn nur derjenige kann mit Krisen und Schicksalsschlägen kontrolliert umgehen. Natürlich werden Dich auch Deine Gefühle übermannen. Du darfst wütend sein, auch weinen oder Angst haben ist ein natürlicher Prozess.

In einer Krise wollen viele Menschen immer wieder gerne die Situation verleugnen oder diese einfach nicht wahr haben. Doch es ist wichtig, damit man die Krise bewältigen kann, dieser ins Auge sehen. Solltest Du auch in einer Krise stecken und diese Krise nicht realistisch annehmen, so kann es Dir mit der Zeit passieren, dass Du innerlich bitter und frustriert wirst. Wichtig ist, dass Du anfängst zu handeln. Eine Sache kann niemals verändert werden, wenn wir sie nicht akzeptieren und aufstehen um sich ihr zu stellen.

Wie gehst Du mit Krisen um? Akzeptierst Du sie oder probst Du den Widerstand? Sei ehrlich zu Dir selbst. Stell Dir vor, Du steckst gerade in einer Krise, wie reagierst Du?

• Ich lache darüber

- Ich suche die Guten Dinge, die in dieser Krise stecken
- Ich sage mir, dass das alles gar nicht wahr ist
- Ich versuche gar nicht erst die Situation in den Griff zu bekommen
- Ich gebe mir selbst die Schuld für das Geschehene
- Ich suche nach Wegen, um aus der Krise herauszukommen

Da in einer schwierigen Situation keine Freude im Vordergrund steht, das ist für Dich nachvollziehbar. In der Regel tauchen in einem solchen Moment eher negative Gefühle auf. Diese Gefühle belasten Dich, lassen Dich nicht schlafen oder verursachen sogar starke Magenschmerzen. Negative Gefühle, die über einen längeren Zeitraum einhergehen, können auch zu einer körperlichen Reaktion führen. Daher ist es in einem solchen Fall immer äußerst wichtig auf seinen Körper zu achten und Warnzeichen nicht zu ignorieren.

Hast Du erst einmal begriffen, dass Du in einer Krise steckst und dass Du beide Hände voller Dinge hast bzw. Nichts neues mehr aufnehmen kannst, dann hast Du den ersten Schritt in die Freiheit gemacht. Gewinne Distanz und suche zunächst Abstand, um einen freien Kopf zu bekommen. Wenn es Dir körperlich und geistig besser geht, dann gehe diese Krise an. Versuche sie aus der Welt zu schaffen. Auch ein Gutes hat eine solche Krise. Du kennst sicherlich den Spruch „Aus Fehlern lernt man." Hier steckt ein Funken Wahrheit drin. Denn hast Du einmal einen Fehler gemacht, der Dich in eine Krise gestützt hat, diesen wirst Du sicherlich kein 2. Mal machen.

„Erfolg und Glück sind das Ergebnis klarer Entscheidungen."

(Konfizius, 489 v.Chr.)

Kapitel 12 – Entscheidungen treffen

Was unterscheidet erfolgreiche Menschen von weniger erfolgreichen. Ein wichtiger Faktor ist das Thema Entscheidungen treffen. Entscheiden und in die Umsetzung kommen. Erfolgreiche Menschen beschäftigen sich zu 10% mit den Problemen und 90% mit der Lösung. Entscheidungen zu treffen ist die beste Art alte Lasten und abzulegen und nicht ständig mitzutragen.

Angst davor in Aktion zu treten ist, keine Entscheidungen zu treffen. Erfolgreiche Menschen haben auch Probleme und Hausforderungen.

„Erfolg und Glück sind das Ergebnis klarer Entscheidungen!"

Alles im Leben hat einen Sinn. Jeden Tag immer wieder aufs Neue Entscheidungen treffen.

Wenn Du einen Job hast, der Dir nicht gefällt, entscheide, ob Du ihn weitermachen möchtest. Du kannst jeden Tag die Entscheidung treffen, ob Du weiter machst oder nicht. Aber hör auf zu jammern. Wenn Du ihn nicht mehr machen möchtest, dann mach Dir einen Plan. Ich arbeite jetzt noch (Entscheidung getroffen), aber ich mache eine Ausbildung als (was Dich interessiert) um in ein, zwei oder drei Jahren das zu machen, was ich will. Lies Bücher, schau Dir YouTupe Clips an, besuche Kurse und Seminare.
Solche Entscheidungen zu treffen heißt aus der Komfortzone rauszugehen. In der Komfortzone ändert sich nicht

viel. In Deiner Komfortzone entscheiden andere.
Lässt Du Dir viel Zeit Entscheidungen zu treffen, wirst
Du nach einer gewissen Zeit einen ganzen Rucksack zu
tragen haben. Es wird immer belastender und der Druck
wird größer.

Wenn Du keine Entscheidungen triffst, heißt das, dass
andere für Dich entscheiden. Du lebst nach Bedürfnissen
anderer.
Woher kommt die Bezeichnung „entscheiden"? Sobald
Du Im Mittelalter das Schwert gezogen hast, gab es kein
Zurück mehr. Es ging um Leben oder Tod. Es gab kein
Vielleicht oder Jetzt-doch-nicht!". Wenn ein Gegenspieler
vor Dir stand und Du hattest das Schwert gezogen, wurde gekämpft, bis es einen Gewinner gab. In der modernen
europäischen Lebenskultur hat das Rein-Raus eine neue
Bedeutung.

„Wer lange glücklich sein will,
muss sich oft genug verändern."

Wir sind Theorie-Giganten und Umsetzungs-Diktatoren.
Soll heißen, wir wissen theoretisch wie ein Schwertkampf
der neuen Zeit aussieht, entscheiden aber nicht wirklich,
eher einmal so und einmal so.
Das soll nicht heißen, dass man seine Entscheidung nicht
ändern oder umkrempeln kann.
Maxim Mankevich erklärt es mit psychologischen Studi-
en. Der Mensch trifft 10.000 bis 20.000 Entscheidungen pro
Tag. Wir sprechen hier von großen, aber auch kleinen Entscheidungen. Morgens wird die Entscheidung getroffen,

was Mann oder Frau anzieht. Was frühstücken wir? Nehme ich die Tasche mit der rechten oder der linken Hand? Welchen Weg zur Arbeit gehe oder fahre ich? Esse ich jetzt die Süßigkeiten, oder möchte ich eine schöne Bikini Figur? Gehst Du dreimal in der Woche zum Sport oder machst Du einen Spaziergang in der Natur?Bin ich mit meinem Partner zusammen und versuche ich mein Bestes für diese Partnerschaft?

Soll ich oder soll ich es nicht tun, Gar nichts tun oder Angst vor den falschen Entscheidungen zu haben?
Das Unterbewusstsein wird voll vor lauter offener Entscheidungen.

Entscheidungen zu treffen heißt Risiko. Ohne Risiko hättest Du keinen Job, keine Partnerschaft, keine Wohnung, keine Hobbys. Wenn Du eine Entscheidung triffst, gehst Du auch immer ein Risiko
ein. Heiraten gut oder nicht. Haus bauen, Tickets für ein Fußballspiel oder Karten für ein neues Konzert.
Die Konsequenz heißt Freiheit leben. Alle Dinge, vor denen Du Angst hast, werden passieren. Sterben, Fehler machen, …
Am Ende wirst Du sterben, egal ob Du das möchtest oder nicht. Diese Entscheidung kann Dir niemand abnehmen, selbst Du kannst hier die Entscheidung nicht treffen.
Bist Du mutig genug um zu handeln?
Es gibt nur zwei Tage, an denen Du nichts tun oder ent-

Impuls-Geschichte „Das Reiskorn und das Schachbrett"

Im alten Persien erzählten sich die Menschen einst dieses Märchen: Es war einmal ein kluger Höfling, der seinem König ein kostbares Schachbrett schenkte. Der König war über den Zeitvertreib sehr dankbar, weil er sich mit seinen Ministern bei Hofe oft ein wenig langweilte. So sprach er zu seinem Höfling: „Sage mir, wie ich dich zum Dank für dieses wunderschöne Geschenk belohnen kann. Ich werde dir jeden Wunsch erfüllen." Nachdenklich rieb der Höfling seine Nase. Nachdem er eine Weile nachgedacht hatte, sagte er: „Nichts weiter will ich, edler Gebieter, als dass Ihr das Schachbrett mit Reis auffüllen möget.

Legt ein Reiskorn auf das erste Feld, und dann auf jedes weitere Feld stets die doppelte Anzahl an Körnern. Also zwei Reiskörner auf das zweite Feld, vier Reiskörner auf das dritte, acht auf das vierte und so fort." Der König war erstaunt. „Es ehrt dich, lieber Höfling, dass du einen so bescheidenen Wunsch äußerst", sprach er. „Er möge dir auf der Stelle erfüllt werden." Der Höfling lächelte, eine Spur zu breit vielleicht, und verneigte sich tief vor seinem Herrscher.

Sofort traten Diener mit einem Sack Reis herbei und schickten sich an, die Felder auf dem Schachbrett nach den Wünschen des Höflings zu füllen. Bald stellten sie fest, dass ein Sack Reis gar nicht ausreichen würde, und ließen noch mehr Säcke aus dem Getreidespeicher holen.

64 Felder hatte das Schachspiel. Schon das zehnte Feld musste für den Höfling mit 512 Körnern gefüllt werden. Beim 21. Feld waren es schon über eine Million Körner. Und beim 64. Feld stellten die Diener fest, dass es im ganzen Reich des Königs nicht genug Reiskörner gab, um es aufzufüllen. Mit seinem Wunsch wurde der Höfling zum reichsten Mann im ganzen Land, und der König wünschte, er hätte ihm nie etwas geschuldet.

scheiden kannst, das Heute oder morgen. Heute und jetzt. Ja oder nein! Ein klares Ja oder Nein. Malkovich spricht von faulen Kompromissen oder faulen Halb-Entscheidungen. Wir haben Angst Fehler zu machen, Fehlentscheidungen zu treffen. Auch eine Fehlentscheidung kann man treffen ;-) Gehe aus der Komfortzone und entscheide Dich und die Freiheit ruft Deinen Namen!!!

Wenn Du Entscheidungen triffst stehst Du für Klarheit, wie und wo Du im Leben stehst oder gehst.

„Die Welt verändert sich durch Taten und nicht durch Deine Meinung."

Entscheidungsermüdung wird von Rolf Dobelli in seinem Buch „Die Kunst des klaren Handelns" erwähnt. Es geht hier um das Thema Entscheidungsermüdung. Nach dem Essen am Morgen oder zum Mittagessen werden schneller Entscheidungen getroffen, als am späten Vormittag oder Nachmittag. Er erwähnt interessante Beispiele vor Gericht oder Bewerbungsgesprächen.

Was lernen wir daraus?

Wenn Du keine Entscheidungen triffst, dann trägst Du einen Stein im Rucksack mit. Je mehr Entscheidungen nicht getroffen sind, desto schwerer wird er. Entscheidungen sind Erfahrungen. Mache viele Erfahrungen und lerne daraus. „Erfolg und Glück sind das Ergebnis klarer Entscheidungen!"

Das JA zählt nicht, wenn Du nicht NEIN sagen kannst.

Entscheidungen treffen – Zwei Worte, die dem einen oder anderen garantiert nicht leichtfallen werden. Es gibt viele Menschen, die mit solchen Dingen einfach nicht zurechtkommen. Damit ist nicht nur gemeint, dass man keine eigenen Entscheidungen treffen kann. Immer mehr Menschen machen diese von anderen abhängig, wissen nicht, was für einen persönlich richtig ist und fangen an, es allen anderen recht zu machen. Doch bleibt man selbst in dem Fall? Genau das ist das Problem von denjenigen, die sich einfach nichts zutrauen und es nicht schaffen, die eigenen Entscheidungen zu treffen.

Wer nicht in der Lage ist, eigene Entscheidungen treffen zu können, sollte schauen, dass er es endlich lernt. Nicht umsonst sind auch heute noch sehr viele Menschen unglücklich und wissen nicht genau, warum man eigentlich auch in dem Fall alles falsch macht. Nicht umsonst heißt es: Die Freiheit ruft deinen Namen. Menschen wollen einfach unabhängig und glücklich sein. Das funktioniert allerdings nur dann, wenn man sich die Freiheit nimmt, seine eigenen Entscheidungen treffen zu können. Man darf in dem Fall niemals vergessen, dass einfach jeder für sich selbst verantwortlich ist. Genau das ist meistens der Grund, warum heute noch immer mehr Menschen ihre eigenen Wege suchen.

Doch wie kann man eigentlich seine eigenen Entscheidungen treffen? Diese Frage ist mehr als berechtigt. Hört man lieber auf seinen Bauch oder seinen Kopf? Sollte man sich auch die Meinungen von anderen aus der Familie oder dem Partner einholen? Auch diese Fragen sind heute mehr als berechtigt, sodass man sich allemal informieren sollte, welche Möglichkeiten es auch auf diesem Wege geben wird.

Fakt ist jedoch, dass man die Entscheidungen selbst treffen sollte. Es gibt viele Menschen, denen es bei besonders schweren Entscheidungen hilft, eine Pro- und Kontraliste aufzubauen. Mit dieser kann man perfekt herausfiltern, was einem guttut und was nicht. Dies kann allein dabei helfen, die richtigen Schritte zu gehen und im Leben voran zu kommen.

Es gibt einfach sehr viele Entscheidungen, bei denen man auf sich selbst hören sollte. Sei es in der eigenen Familie oder aber auch bei einem Wechsel des Berufes. Es ist sehr wichtig, dass man sich immer vor Augen hält, dass jeder für sich selbst glücklich werden muss. Ist man mit einer Entscheidung, die man aufgrund von anderen getroffen hat, nicht glücklich, kann dies bereits zu erheblichen Problemen im Alltag führen. Man darf einfach nicht vergessen, dass man immer für sich selbst handeln sollte. Das soll nicht bedeuten, dass man niemals Entscheidungen mit dem Partner oder der Familie treffen sollte. Auch darf man sich die Hilfe von Außenstehenden suchen und sich zu verschiedenen Problemen beraten lassen.
Es geht vielmehr darum, dass man nur für sich selbst die Freiheit hat eigene Entscheidungen treffen zu können. Wer das einfach einmal ausprobiert und auf seine innere Stimme hört wird schnell merken, dass das eigene Leben

deutlich glücklicher ablaufen kann. Man wird sehen, dass es viel leichter ist, auch einmal Nein zu sagen.

Doch damit noch nicht genug. Hinzu kommt, dass es jedem leichter fallen wird durch den Alltag zu kommen. Jeder Mensch, der seine Entscheidungen selbst fällt, kann nach und nach immer mehr Selbstbewusstsein aufbauen. Es ist daher nicht selten, dass man sich deutlich besser fühlt und zugleich auch viel leichter durchs Leben gehen kann.

Man wird daher sehr schnell feststellen, dass es deutlich angenehmer ist, seine eigenen Entscheidungen treffen zu können. Wer es erst einmal ausprobiert hat, wird schnell die Freiheit in sich selbst spüren können.

Impuls-Geschichte „Die Chance"

Ein frommer und religiöser Mann hatte schwere Zeiten durchzumachen. Er versuchte es nun mit folgendem Gebet:
Herr, eerinnere dich an all die Jahre, in denen ich dir diente. Nun da ich alt und bankrott bin, möchte ich dich zum ersten Mal in meinem Leben um eine Gunst bitten, und ich bin sicher, du wirst sie nicht abschlagen: Lass mich in der Lotterie gewinnen."

Tage vergingen, dann Wochen und Monate. Nichts geschah. Schließlich rief er eines Nachts voller Verzweiflung: Warum gibt du mir keine Chance, Gott?"

Plötzlich hörte er die Stimme Gottes: „Gib mir auch eine Chance" Warum kaufst du dir kein Los?"

(Quelle: Warum der Schäfer jedes Wetter liebt)

Gibt es in Deinem Leben gerade auch Momente, wo Du eine Entscheidung treffen musst. Ich möchte, dass Du nun einige Fragen beantwortest und Dir Gedanken machst. Ich möchte, dass Du Dir überlegst, welche Ziele Du hast und wo es für Dich bedeutet eine Entscheidung treffen zu müssen.

Schreibe bitte Ziele bzw. Entscheidungen auf, die Du innerhalb einer Woche treffen musst oder erreichen kannst.

Nun schreibst Du bitte Ziele auf, die Du in ein bis zwei Monaten erreichen kannst, die auch Entscheidungen von Dir bedürfen.

Zuletzt notieren noch Ziele, die drei bis vier Jahre bedürfen und Du auch hier Entscheidungen treffen musst.

„Der Regenbogen wartet nicht,
bis du mit der Arbeit fertig bist."

Kapitel 13 – Veränderung

Loslassen fällt uns offenbar schwerer als anhäufen. Das erklärt nicht nur, weshalb wir unseren Haushalt oftmals mit Ramsch zumüllen, sondern auch, warum Liebhaber von Briefmarken, Uhren oder Kunst so selten tauschen oder verkaufen. Entsprechend hat das Objekt der Begierde für den Käufer in spe an Wert gewonnen. Er ist plötzlich bereit, einen höheren Preis zu bezahlen als jenen, den er sich vorgenommen hat. Der Ausstieg aus dem Bieter-Wettkampf wird als Verlust empfunden, gegen jede Vernunft. Wenn Du Dich um einen Job bewirbst und ihn nicht bekommst, hast Du allen Grund, enttäuscht zu sein. Wenn Du weißt, dass Du es bis zur Endausscheidung geschafft hast und dann die Absage erhältst, ist die Enttäuschung noch viel größer, unberechtigterweise. Denn entweder hast Du den Job bekommen oder nicht, alles andere sollte keine Rolle spielen. Fazit: Klammer Dich nicht an Dinge, die sich nicht ändern lassen. Betrachte Deinen Besitz als etwas, das Dir das »Universum« provisorisch überlassen hat, wohl wissend, dass es Dir alles jederzeit wieder wegnehmen kann.

Nicht jeder Mensch kann mit Veränderungen im Leben umgehen. Dazu muss man sagen, dass nicht alle Veränderungen auch wirklich positiv erscheinen. Vielmehr ist es der Fall, dass es einige Veränderungen gibt, mit denen man nicht so leicht umgehen kann oder nicht genau weiß, wie man mit diesen Veränderungen wirklich umgehen sollte.

Doch kommen wir nun zuerst zu den positiven Veränderungen im Leben, die das Selbstbewusstsein eines Menschen stärken und die helfen, glücklich und zufrieden im Alltag zu sein.

Mit solchen Veränderungen ist unter anderem die eigene Hochzeit oder sogar das erste eigene Kind gemeint. Gerade das sind große Veränderungen, die einen Menschen glücklich erscheinen lassen. Es gibt jedoch auch viele kleine Dinge im Leben, die man positiv empfindet und die dafür sorgen, dass man glücklich ist. Kleine Veränderungen, wie mehr Sport im Alltag oder der regelmäßige Besuch der besten Freundin gehören beispielsweise dazu.

Man muss dazu sagen, dass man mit den klitzekleinen Veränderungen im Leben heute viel mehr erreichen kann als man denkt. Vielleicht ist man momentan eher unglücklich und weiß nicht genau warum? Oder ist es eher die Unzufriedenheit, die im Alltag immer wieder auftaucht und bei der man nicht genau weiß, woher diese kommt? Genau das ist es, wo man selbst anknüpfen muss. Man muss selbst entscheiden, was einen glücklich macht. Sollte es Dinge im Leben und Alltag geben, die einen unglücklich machen, muss man sofort etwas ändern und die gewünschte Veränderung herbeirufen. Der Mensch ist sich selbst am Nächsten. Es ist daher sehr wichtig, dass man immer wieder auf sich selbst hört und einfach weiß, was man sich selbst wünscht. Nur so kann man sicher sein, dass man im Leben genau da steht wo man sich sehen möchte.

Erinnere dich immer wieder an den Satz: Die Freiheit ruft deinen Namen. Du kannst daher nur frei sein, wenn Du für dich alle Veränderungen aufbaust, die Dich glücklich machen können. Sollte es eine starke Veränderung sein wie z. B. ein Jobwechsel, musst Du auch diesen Schritt gehen. Halte dir immer wieder vor Augen, dass Du glücklich sein musst und niemand anders. Daher musst Du ab und zu in verschiedenen Situationen auch einmal den Mut aufbringen und Veränderungen hervorrufen.

„Die Einzige Konstante im Leben ist Veränderung"

Doch was ist eigentlich mit den Veränderungen im Leben, die nicht schön sind? Die Veränderungen, die Dich oftmals traurig werden lassen und bei denen Du dich für den weiteren wichtigen Weg entscheiden musst? Es gibt immer Situationen im Leben, die garantiert nicht angenehm sind. Situationen, in denen man sich nicht mehr wohl fühlt oder Momente, in denen man von geliebten Menschen Abschied nehmen muss. Genau das sind diese Veränderungen, die auch Dich selbst verändern werden, ohne dass Du etwas bemerkst.

Es gibt einfach sehr viele schlechte Momente, von denen Du dich jedoch nicht unterkriegen lassen sollst. Was ist, wenn Du nach vielen Jahren Deinen Job verlierst? Oder wenn Du dich nach vielen Jahren trennst? Auch das sind Veränderungen, die anfangs immer sehr schwer zu verkraften sind. Wer jedoch auf sich selbst hört wird schnell erkennen, dass es einfach vielmehr gibt als nur das.

Es ist also sehr wichtig, dass man genau in solchen Momenten weiterhin stark bleibt und schaut, dass man den richtigen Weg einschlagen wird. Lass Dich niemals unterkriegen und versuche auch dann Dir selbst treu zu bleiben. Du wirst schnell erkennen, dass es auch heute sehr viele Momente geben wird, in denen es für Dich persönlich nicht leichter wird. Lass einfach Dein altes Leben oder Deine alten Gewohnheiten los und mache Dich endlich bereit für Neues.

Die Befreiung, die Du bekommst, wenn Du endlich Deine eigenen Wege gehst, wird Dir keiner mehr nehmen. Du wirst mit den Veränderungen in Deinem Leben garantiert nichts mehr Schlechtes in Verbindung bringen. Eher im Gegenteil, denn Du solltest Dir klar machen, dass Veränderungen auch etwas Gutes sein können. Schaue daher gezielt darauf, was Dir im Leben wichtig ist und welche positiven Aspekte Du dann daraus ziehen kannst. Du solltest daher nicht vergessen, dass es heute im Leben vielmehr gibt, als schlechte Veränderungen.

Sei Dir bewusst, dass Veränderungen, die für Dich am Anfang vielleicht eher schwer sind, auch eine Eintrittskarte in ein neues Leben sein können. Du sollst immer für Dich selbst wissen, dass Veränderungen genau das sind, was Dich in Deinem eigenen Leben weiterbringt. Du wirst merken, dass Du ständig daran wachsen wirst und es auch ständig neue Dinge gibt, an die Du dich halten kannst. Veränderungen können daher Dein gesamtes Leben auf den Kopf stellen und das allemal im positiven Sinne.

Es ist daher sehr wichtig, dass Du mit der Zeit lernst, dass

Veränderungen auch bedeuten, dass Du loslässt und Dich von den schlechten Angewohnheiten und Dingen in Deinem Leben abwenden kannst. Natürlich ist das nicht immer einfach. Eher im Gegenteil, es gibt wichtige Schritte im Leben, die auch für Dich persönlich garantiert nicht leicht werden.

Du musst einfach lernen, alte und schlechte Gewohnheiten loszulassen und Dich endlich an die Veränderungen machen, die Dein eigenes Leben bereichern können. Solltest Du die Kraft nicht haben, fang doch einfach einmal mit den kleinen Veränderungen im Leben an, die Dich garantiert nach vorne bringen werden. Damit sind unter anderem Veränderungen wie Sport gemeint.

Halte Dir folgendes vor Augen, damit auch Du es schaffst, Dein Leben selbst in die Hand zu nehmen und die Veränderungen zuzulassen, die für Dich wichtig sind.
Nur Du bist für Dich selbst verantwortlich, was bedeutet, dass Du endlich einmal Deinen inneren Schweinhund überwinden musst. Jeder ist seines eigenen Glückes Schmied – ein Sprichwort, an das auch Du Dich halten kannst. Achte daher gezielt darauf, welche Möglichkeiten es auch für Dich gibt und wie auch Du weiterhin Erfolg im Leben haben kannst. Du darfst niemals vergessen, dass Du einfach jederzeit für Dich selbst verantwortlich bist und Du dir dein Leben so aufbaust, wie Du es gerne hättest.

Lasse los von Menschen, die Dir in Deinem Leben nicht gut tun. Lasse los von dem, was Dich unglücklich macht oder eben runterzieht. Verändere Dich selbst und auch

Dein Leben. Du wirst sehen, dass es Dir nach einer gewissen Zeit, wenn Du endlich Deine eigenen Veränderungen durchgesetzt hast, viel besser gehen wird als Du denkst. Schaue daher gezielt auf Deine eigenen Bedürfnisse und steh auf!

„Ich habe es noch nie versucht, darum bin ich mir sicher, dass ich es schaffe"

(Pippi Langstrumpf)

Kapitel 14 – Neue Ansichten

„Wenn ich die Leute gefragt hätte, was Sie wollen, dann hätten Sie gesagt, sie möchten ein schnelleres Pferd, aber nicht ein Auto mit Motor - weil sie es nicht gekannt haben.", meinte Henry Ford, als er das Automobil erfand.

Neue Ansichten im Leben finden? Auch das hört sich für Dich garantiert nicht leicht an, oder? Aufgrund dessen möchte ich Dir dabei helfen, wie du neue Ansichten erhalten kannst und Dir keine weiteren Gedanken mehr machen musst, was in Deinem eigenen Leben schief läuft. Du solltest daher bedenken, dass es viele Menschen gibt, die mit Ihrem eigenen Leben nicht zufrieden sind. Menschen, die einfach mehr wollen als nur das, was sie momentan haben. Ein Grund mehr, auch dort anzuknüpfen und zu schauen, wie auch Du neue Ansichten gewinnen kannst.
Doch vorab will ich klären, was es eigentlich genau bedeutet, neue Ansichten zu gewinnen und diese auch umzusetzen.

Neue Ansichten in Deinem Leben bedeuten nicht sofort, dass Du einfach alles auf den Kopf stellen musst. Vielmehr sind es die eher kleinen Dinge in Deinem Leben, die Du dir vor Augen halten solltest. Wahrscheinlich hast auch Du persönlich eigene Ansichten was Dein Leben, Deine Freizeit und auch Deinen Beruf angeht. Meinst Du, du kannst daran etwas ändern?

Es gibt heute immer mehr Menschen, die in ihrem eigenen Leben einfach gefangen sind. Menschen, die nicht ausbrechen können und unglücklich sind, da ihre eigenen Ansichten immer mit denen von anderen verglichen werden. Doch wieso sollst Du es eigentlich anderen Menschen recht machen? Meinst Du nicht, dass es Dein Leben ist? Genau dann solltest Du dir dringend neue Ansichten schaffen. Du musst nicht auf andere hören. Du musst Dich nicht nach anderen Menschen richten. Und erst gar nicht musst Du auf andere Menschen hören und Dich nach ihnen richten.

Genau das ist es, was Du niemals vergessen darfst. Die Freiheit ruft Deinen Namen – Du kannst diese Freiheit aber nur dann genießen, wenn Du weißt, wer Du selbst bist und Du in Deinem Leben einfach nach neuen Ansichten strebst. Vielleicht hast Du im Laufe des Buches bereits einiges gelernt und wirst nun selbst wissen, welche neuen Ansichten auch Du in Deinem Leben aufbauen möchtest.

Auf der anderen Seite kann es sein, dass es Dir nicht sonderlich leichtfällt, diese neuen Ansichten auch zu entdecken. Der Mensch ist immer noch ein Gewohnheitstier. Das bedeutet für einen persönlich, dass es nicht immer leicht ist, die neuen Ansichten auch in die Tat umzusetzen. Gerade wenn es um Gewohnheiten geht, die schon jahrelang vorhanden sind und mit denen man einfach nicht weiß, wie es weitergehen soll.

Ein Beispiel dafür ist der Konsum von Zigaretten oder Süßigkeiten. Wie viele Menschen gibt es heute, die rauchen oder Süßigkeiten reinstopfen? Eine Gewohnheit, die zu einer Sucht geworden ist und die man nicht einfach aufgeben kann. Doch was ist nun mit Deinen neuen Ansichten gesund zu leben? Genau dann wirst Du sehen, dass Du auch diese Gewohnheiten einfach ablegen musst. Einfach ist das falsche Wort dafür, da der Verzicht garantiert nicht leicht sein wird.

Mit diesem Beispiel möchte ich Dir lediglich erklären, dass es viele neue Ansichten geben wird, an die Du dich halten kannst. Du musst daher von den alten Gewohnheiten ablassen, damit Du dich an die neuen Ansichten wenden kannst und Du Dich auf diese auch konzentrierst. Dass es schwer wird, hat niemand bestritten. Setze Deine neuen Ansichten in die Tat um.

Wahrscheinlich hast Du nun schon den einen oder anderen Gedanken willst nun wissen, was Deine neuen Ansichten sein können. Dies kann beispielsweise eine gesunde Lebensweise sein, aber auch kleine Dinge wie mehr Sport im Alltag oder ähnliches kommen in Frage. Halte Dir in dem Fall jederzeit vor Augen, dass es eben diese kleinen Dinge sind, die für Dich weiterhin wichtig sein können. Schließlich wirst Du mit deinen neuen Ansichten und deren Umsetzung einfach frei sein und glücklicher leben können.

Denke immer daran, dass es Dir viel Freiheit gibt, endlich neue Ansätze in Deinem eigenen Leben zu schaffen. Du darfst daher keineswegs vergessen, dass es im Leben einfach deutlich mehr gibt, als sich dauerhaft nach anderen Menschen zu richten. Achte darauf, dass Du die neuen Ansichten, die Du gewonnen hast, auch verfolgst. Lass Dich nicht von anderen Menschen ablenken und achte gezielt darauf, dass auch Du entscheiden kannst, was Du wirklich willst. Es ist zwar nicht leicht, sich den richtigen Weg zu erarbeiten und auch die neuen Ansichten in wenigen Schritten umsetzen zu können. Du darfst jedoch nicht vergessen, dass es in der heutigen Zeit einfach vielmehr gibt als das.

Doch was können diese neuen Ansichten im Leben eigentlich sein? Kannst Du dir vorstellen, was genau damit gemeint ist?

Wahrscheinlich fällt es Dir nicht leicht, sich Gedanken darüber zu machen, welche Ansichten es im Leben gibt, die man selbst umsetzen möchte. Du solltest Deine neuen Ansichten in erster Linie auf die vielen schlechten Gewohnheiten lenken. Schaue einfach, was Dich unglücklich macht oder

BETRACHTE DIE DINGE EINFACH MAL ANDERS.

was für Dich persönlich im Leben nicht mehr gut ist. Was lässt Dich ein schlechtes Gefühl herbeirufen? Oder ist es eher die Gesundheit, die neue Ansichten in Deinem Leben braucht? Vielleicht sind es auch Menschen, die Dir nicht weiter guttun? Genau diese Fragen solltest Du Dir in erster Linie selbst beantworten und dann handeln.

Es ist sehr wichtig für Dich, dass Du dir immer vor Augen hältst, dass Deine neuen Ansichten für Dein eigenes, persönliches und zugleich glückliches Leben verantwortlich sind. Wie sollst Du glücklich werden, wenn Du nicht das machst, was für Dich wichtig ist? Genau da solltest auch Du anknüpfen. Schaue daher, dass Du Dir mit Hilfe Deiner neuen Ansichten endlich einen neuen Weg schaffst. Dabei ist es vorteilhaft, wenn Du ins Tun kommst und Dich auf Dein eigenes, glückliches Leben vorbereiten kannst.

Damit Du dir auch ein Bild machen kannst, wie Du deine neuen Ansichten einfach auf ein glückliches Leben beziehen kannst, werde ich Dir auch im nächsten Kapitel zeigen, wie Du endlich ins Tun kommen kannst. Ich möchte Dir dort auflisten, mit welchen Tipps und Tricks auch Du für ein glückliches Leben sorgen kannst und wie einfach es heute sein kann, endlich den Absprung zu schaffen. Es ist nicht immer leicht, sich für die richtigen Wege zu entscheiden und dann treffsicher handeln zu können. Ich werde Dir allerdings helfen, die richtigen Wege zu gehen, damit auch Du die Freiheit im eigenen Leben genießen kannst!

„Wenn Du nichts änderst,
dann ändert sich nichts.“

Kapitel 15 – Ins Tun kommen

Ins tun kommen? Genau das ist eine Begrifflichkeit, auf die ich in diesem Kapitel genauer eingehen werde. Ich will Dir schließlich helfen, ein glücklicheres und zugleich auch leichteres Leben führen zu können. Wie das funktioniert? In diesem Buch biete ich Dir die eine oder andere Möglichkeit und ich will Dir genau zeigen, wie Du es endlich schaffen kannst, loszulassen. Es ist sehr wichtig, dass Du aus Deiner eigenen inneren Mitte ausbrichst und versuchst, Deinen eigenen Weg zu finden, damit es nicht zu weiteren Komplikationen kommen wird.

Heutzutage vergessen wir schnell, wie gut es uns Menschen eigentlich geht. Meistens sehnen wir uns nach genau den Dingen, die wir nicht haben können oder die wir gar nicht erst sehen, obwohl wir bereits im Besitz von allem sind, was wir zum Leben brauchen. Geld alleine macht noch lange nicht glücklich – diesen Satz hört man im Alltag relativ häufig, wenn man sich mit den Menschen unterhält, die unglücklich sind. Sei es nun der eigene Job, das fehlende Geld oder aber es sind nur Kleinigkeiten, die einem im Alltag fehlen. Was einen Menschen wirklich glücklich macht ist das, was er sich selbst vorstellt. Wieso machen wir uns ständig Gedanken, dass andere reicher, schöner und besser sind? Wieso fühlen wir uns nicht wohl, wenn wir offene Rechnungen haben, die wir einfach zu einem späteren Zeitpunkt bezahlen? Diese Fragen sollte jeder für sich selbst beantworten. Schließlich geht es darum, mit einfachen Tricks genau diese Gedanken zu bewältigen und an das positive zu denken. Die Kraft der Gedanken ist eigentlich genau das, was man braucht, um glücklich zu sein und all die negativen Gedanken abzulehnen. Viel zu sehr schauen wir heute auf andere Menschen, anstatt auf uns selbst zu achten.

Doch wie führe ich ein glückliches Leben, ohne dass ich mich ständig an anderen messe? Dafür habe ich 12 Tipps aufgelistet, die dabei helfen sollen, ein glückliches Leben zu führen. Es ist nicht einmal schwer, die Tipps zu berücksichtigen, da man sie in wenigen Schritten im Alltag einbauen kann.

Tipp: Das positive Denken!

Es hört sich wahrscheinlich etwas einfach an, wenn man sich sagt, dass man in allen Lebenslagen und Situationen positiv denken soll. Man darf allerdings nicht vergessen, dass sich die Stimmung eines Menschen auf die Umwelt und sogar auf den Job, die Beziehung und die eigene Gesundheit auswirkt. Es ist wissenschaftlich bewiesen, dass knapp 90 Prozent der Sorgen dadurch entstehen, dass man mit den Herausforderungen und Problemen nicht umgehen kann und die Produktivität sinkt. Daher ist es wichtig zu versuchen, in allen Lebenslagen einen kühlen Kopf zu bewahren und positiv zu denken, auch wenn es manchmal schwerfällt.
Es ist nicht für jeden einfach positiv zu denken. Allerdings sollte man sich weiterhin an die Kraft der Gedanken halten und schauen, dass man dadurch die positiven Dinge anzieht und sich keine negativen Gedanken mehr macht. Wenn man sich auf das positive Denken konzentriert, ist es oft nicht mehr schwer.

Tipp: Mehr Sport zum Glücklich sein!

Ebenso ist es wissenschaftlich bewiesen, dass mehr Sport dazu führt, dass die Menschen glücklicher durchs Leben gehen. Außerdem kann Sport psychische Erkrankungen wie Depressionen oder Burnout lindern. Es reicht bereits zweimal die Woche aus, sich sportlich zu betätigen. Selbst eine halbe Stunde Joggen gehen ist ausreichend, damit sich der Körper und der Mensch in seiner Haut wohler fühlen.

Es ist ein Irrtum, dass man vier bis fünfmal die Woche Sport machen muss. Es reicht daher nur wenige Male aus, um die Gesundheit zu stärken und ebenso seinem Körper etwas Gutes zu tun.

Tipp: Soziale Kontakte gut pflegen!

Menschen sind soziale Wesen und brauchen den Kontakt zu anderen Personen. Wer keine anderen Menschen um sich hat fühlt sich sehr schnell einsam. Dies ist jedoch keine Seltenheit, wenn man bedenkt, dass viele Menschen auf die Karriere aus sind und kein stabiles Umfeld mehr haben. Damit ist nicht die Familie oder die Beziehung gemeint, sondern ebenso der Freundeskreis, den man aufgrund der vielen Arbeit schnell vernachlässigt. Wem daher die sozialen Kontakte fehlen, kann schauen, dass man in einen Verein geht und dort Sport macht. Somit kann man schon zwei Tipps miteinander vereinen.

Tipp: Die Vergangenheit hinter sich lassen!

Was einem jemals passiert ist, das sollte man immer hinter sich lassen. Egal wie oft es im eigenen Leben schiefgegangen ist oder welche schlimmen Erlebnisse stattgefunden haben. Wer die Vergangenheit nicht ruhen lässt läuft Gefahr, diese Last dauerhaft mit sich herum zu tragen. Es kann daher passieren, dass der Frust und die schlechte Laune einen auf Dauer einfach runterziehen. Unwohl sein und Misstrauen gegenüber anderen entsteht dann sehr schnell. Aufgrund dessen ist es sehr wichtig, dass man die Vergangenheit ruhen lässt, nach vorne sieht und glücklich ist, dass man diese Zeit hinter sich gebracht hat.

Wer es jedoch alleine nicht schafft, die Vergangenheit hinter sich zu lassen und sein eigenes Leben zu leben, sollte sich professionelle Hilfe suchen. Durch sie lernt man mit Traumata umzugehen und nach vorne zu blicken.

Tipp: Eigene Ziele für sich schaffen und festlegen!

Menschen sind Träumer! Das bedeutet, dass sie sich die schönsten Dinge vorstellen und die eigenen Ziele nicht mehr verfolgen. Sie leben einfach in den Tag hinein, ohne dass sie genau wissen, welches Ziel sie sich vor Augen gehalten haben. Das sollten sie ab jetzt bleiben lassen! Wichtig ist es, sich die eigenen Ziele zu setzen und diese zu visualisieren. Man kann dazu Bilder ausdrucken von den Dingen, die als Ziel zu definieren sind. Dadurch sieht man sich die eigenen Ziele jeden Tag an, sodass die Motivation ebenso bestehen bleibt, die Ziele zu erreichen.

Am besten hängt man sich die eigenen Ziele an den Kühlschrank oder schreibt sie in sein Handy, sodass man täglich darauf zugreifen kann. Nur so kann man schließlich die Motivation beibehalten und sichergehen, dass man an die eigenen Ziele erinnert wird. Es fällt einem dann deutlich leichter auf diese hinzuarbeiten.

Tipp: Eine neue Berufung finden!

Manchmal spielt der eigene Job eine wichtige Rolle. In den meisten Fällen hat auch dieser nichts mehr mit Leidenschaft zu tun. Eher im Gegenteil, denn man übt den Job nicht nur aus, um Geld zu verdienen, sondern man hat meistens auch noch Spaß dabei. Wem sein Job allerdings nicht gefällt sollte schauen, dass er neue Wege geht. Es kann schließlich passieren, dass man sich auch dort nicht mehr wohlfühlt und aufgrund dessen nicht mehr positiv denken kann. Glücklich sein im Job ist schließlich genauso wichtig für ein glückliches Leben.

Tipp: Dankbarkeit zeigen und dankbar sein!

Einer der wichtigsten Punkte für ein glückliches Leben ist die Dankbarkeit. Man sollte dankbar dafür sein was man hat und nicht jammern, weil man etwas nicht hat. Man kann schließlich nur etwas erreichen, wenn man daran glaubt und hart dafür arbeitet. Täglich sollte man sich vor Augen halten, wofür man wirklich dankbar ist. Man ist dankbar dafür, dass man nicht in der dritten Welt geboren ist und dankbar, dass man gesund ist usw. Es kann sogar hilfreich sein, sich dazu eine Liste zu machen, an die man jeden Tag denkt oder auf die man jeden Tag schauen kann.

Tipp: Einfach mal glücklich essen!

Viele Menschen essen für ihr Leben gern. Man sollte daher beim Essen darauf achten, etwas für sein Glück zu tun. Eine gesunde und ausgewogene Ernährung ist in dem Fall besonders wichtig. Man sollte auch für sich selbst kochen und auf häufiges Fast Food verzichten. Schließlich kann auch diese Essgewohnheit unglücklich machen. Wer sich bislang ungesund ernährt hat sollte nun schauen, dass er keine Diät macht, sondern auf eine gesunde Ernährung mit frischem Obst und Gemüse achtet.
Auch das tägliche Wasser trinken sollte man dabei nicht vergessen. Zwei bis drei Liter am Tag reichen bereits aus, damit sich der Körper fitter und wohler fühlt. Man wird schon nach wenigen Wochen merken, wie gut es einem geht und was das Wasser alles bewirken kann.

Tipp: Weiterhin hungrig bleiben!

Hungrig bleiben ist nicht im wahrsten Sinne des Wortes gemeint. Damit ist gemeint, dass man einfach neugierig sein sollte. Jeden Tag zur Arbeit zu gehen, nach Hause zu kommen und den Abend ausklingen zu lassen kann auf Dauer nicht nur langweilig werden, sondern dafür sorgen, dass man sich nicht mehr wohlfühlt und nach und nach unglücklicher wird. Aufgrund dessen sollte man weiterhin darauf achten, die eigenen Ziele zu verfolgen und zu schauen, dass man ständig neues anstrebt. Wir leben im

Paradies, da fällt es schwer, hungrig zu bleiben.

Tipp: Keine Vergleiche mit anderen Menschen ziehen!

Auf solche Gedankenspiele sollte man sich gar nicht erst einlassen. Leider gibt es viele Menschen, die sich mit anderen vergleichen und negative Gedanken entwickeln. Es ist allerdings völlig egal, was die anderen denken oder machen. Jeder Mensch hat schließlich unterschiedliche Ziele und Wünsche, denen er nachgehen möchte. Daher sollte man sich bereits von Anfang an abgewöhnen, sich mit anderen zu vergleichen. Man sollte viel besser versuchen, so zu sein wie man ist und seine eigenen Ziele verfolgen. Nur so kann man sich besser fühlen.

Tipp: Endlich lernen das Wort „Nein" zu sagen!

Viel zu oft macht man Dinge, die man eigentlich gar nicht möchte oder die man für andere Menschen tut, um ihnen einen Gefallen zu tun. Wer das auf Dauer macht und nicht auf sich selbst achtet läuft Gefahr, nicht nur unglücklich zu werden, sondern das vermeidet, was man möchte. Daher ist es wichtig darauf zu achten, auch mal nein zu sagen und sich auf die eigenen Bedürfnisse zu konzentrieren. Man kann es nicht immer allen Menschen recht machen. Im Gegenteil, denn meistens bleibt man dann selbst auf der Strecke. Ebenso sollte man nicht vergessen, dass ein freundliches Nein meist mehr bewirken kann, als ein ständiger Ja-Sager zu sein.

Tipp: Jeden Augenblick genießen!

Besonders in einem eher hektischen Alltag ist es sehr wichtig, sich auf die kleinen Dinge im Leben zu freuen. Man sollte versuchen einfach wach zu bleiben und die alten Gefühle der Kindheit herauszuholen, in denen es einem gut ging und in denen man nun die Kraft für den Alltag holen kann. Es macht schließlich auch Spaß in den alten Erinnerungen zu schweben und sich von dort aus Kraft zu holen.

Es sind jedoch nicht nur die Erinnerungen an die Kindheit, die man festhalten kann. Auch die eigene Beziehung oder bestimmte Momente mit der Familie können in dem Fall helfen, sich Kraft für den Alltag zu holen. Man darf einfach nicht vergessen, wie gut es einem wirklich geht und was man sich selbst alles erarbeitet hat. Wahrscheinlich hat man bereits das eine oder andere Ziel erreicht und braucht sich auch dann keine weiteren Gedanken mehr machen. Wenn man sich diese Punkte vor Augen hält fällt es einem garantiert leichter, das Leben mit anderen Augen zu sehen und glücklich zu sein.

Neben diesen 12 Tipps gibt es noch viele weitere, die man im Alltag einbauen kann, um endlich glücklich zu sein. Man sollte daher nie vergessen, dass man all das, was man im Leben erreicht hat oder noch erreichen will, immer von einem selbst ausgeht. Das bedeutet, dass man sich selbst sein Leben aufbaut. Offene Rechnungen oder der falsche Job sind Faktoren, an denen man nur selbst etwas ändern kann. Es sind nicht die anderen, die daran arbeiten, sondern jeder Betroffene für sich selbst. Daher kann man mit den oben genannten Tipps bereits schauen, wie man im Alltag durch deren Umsetzung viel einfacher und vor allem glücklicher leben kann.

Doch damit ist noch lange nicht genug. Ich will Dir damit lediglich zeigen, welche Tipps Du in Deinem Alltag berücksichtigen solltest. Die Freiheit ruft Deinen Namen – halte Dir diesen Satz immer wieder vor Augen. Genau dann kommst Du auch ins Tun und brauchst Dir keinerlei weitere Gedanken mehr machen. Schließlich ist es nicht selten, dass Du heutzutage Deine eigenen Wege gehen musst und endlich loslässt. Lasse alles, was nicht gut für Dich ist hinter Dir und gehe endlich Deine eigenen Wege, um ein glückliches Leben führen zu können.

„Jeder der nicht an Wunder glaubt,
ist kein Realist."

Aundrew Hepburn

Kapitel 16 – Folge und höre auf Deine Stimme, denn sie ruft Deinen Namen

Auf die innere Stimme hören

Die Freiheit ruft Deinen Namen. Du entscheidest Deine Zukunft in Freiheit.

Wie Du in diesem Buch schon eine ganze Weile lang gelernt hast, solltest Du immer auf Dich selbst hören. Es ist besonders wichtig, dass Du dir vor Augen hältst, dass Du auf Deine innere Stimme hören solltest. Was macht Dir wirklich Spaß? Worauf solltest Du in Deinem eigenen Leben achten? Welche Möglichkeiten gibt es, damit Du noch glücklicher wirst? Mit unseren Tipps und Tricks aus dem vorherigen Kapitel kannst Du bereits einen Grundstein legen. Du solltest jedoch weiterhin bedenken, dass es viele Menschen gibt, die auch heute noch einige Probleme haben, mit den zahlreichen Tipps und Tricks zurechtzukommen. Viel wichtiger ist es, dass Du dich zugleich auch an die Umsetzung machst. Setze endlich ein Zeichen und schaffe Dir Deine eigene, individuelle Freiheit, indem Du dein Leben so lebst, wie Du es willst. Natürlich musst Du dich an die Regeln und Gesetze halten. Das sagt jedoch noch lange nichts darüber aus, welche weiteren Möglichkeiten Du hast.

Verändere Dich und Dein Leben! Die Freiheit ruft Deinen Namen, dass sollte Dir immer klar sein. Ein Mensch kann einfach nur frei sein, wenn er sich wohlfühlt und wenn er die Zeit genießt, die er hat. Wieso solltest Du dich auch weiterhin mit schlechten Eigenschaften herumplagen? Oder sogar einen Beruf ausführen, der Dir überhaupt nicht liegt? Du hast es doch selbst in der Hand.

Hole Dir daher die Freiheit zurück, die Du dir immer gewünscht hast. Du musst dafür nicht einmal viel tun. Eher im Gegenteil, Du hast weiterhin die Chance, Dich einfach zurechtzufinden und zu schauen, welche einfachen Wege auch Du einschlagen kannst. Lasse Dich daher auf die vielen weiteren eigenen Ziele ein und versuche das aus Deinem eigenen Leben zu machen, was Du wirklich willst.

Es kann unter anderem schon hilfreich sein, dass Du weiterhin auf Deine eigene und persönliche Stimme achtest. Du wirst sehen, dass es nicht schwer ist. Tief in Deinem inneren wirst auch Du erkennen, dass es Deine innere Stimme ist, die sich nach Freiheit und dem Glücklichsein sehnt. Hör doch endlich einmal auf Deine eigene Stimme und versuche weiterhin, dass Leben selbst in die Hand zunehmen. Jeder Mensch hat den Wunsch, endlich frei zu sein und das eigene Leben genießen zu können. Genau das hast nur Du selbst in der Hand!
Deine innere Stimme wünscht Unabhängigkeit!
Vielleicht ist es auch die reine Unabhängigkeit, die Du dir wünschst. Oder möchtest Du ein leichteres und unbeschwertes Leben führen? Wenn Du einfach einmal tief in Dich gehst wirst Du merken, dass Deine innere Stimme Dir helfen kann, den richtigen Weg einzuschlagen. Schaue daher genau, was Dich bedrückt und was Deine innere Stimme sagt, um glücklich zu sein. Vielleicht sind es nur kleine Veränderungen in Dir selbst, die Dir auf diesem

Weg bereits helfen können.

Bereits in dem Kapitel „Veränderungen" habe ich Dir viele interessante Informationen geliefert. Es sind nicht immer positive, aber auch nicht immer negative Veränderungen im Leben, die Dich glücklich machen können. Hinzu kommt, dass es oftmals auch nur Kleinigkeiten sind, die Dein Leben bedeutend bereichern.
Als kleiner Tipp: Nehme Dir einfach die Zeit und setze Dich allein in Ruhe hin. Gehe in dieser stillen Stunde einmal in Dich und frage Dich, welche Momente Dich glücklich machen. Was ist es, das Du brauchst, um ein erfülltes Leben führen zu können?

Du solltest Dir einfach einmal aufschreiben, was genau Du in Deinem Leben suchst. Vielleicht sind es bestimmte Menschen, die Dich nicht so sein lassen, wie Du bist? Oder fällt es Dir einfach nur schwer, auch mal Nein zu sagen? Genau diese Fragen solltest auch Du Dir stellen und immer eine Antwort darauf finden. Meistens findest Du dann heraus, was Dich bedrückt und welche negativen Eigenschaften auch in Deinem eigenen Leben beseitigt werden sollten. Es muss nicht immer an Dir liegen. Vielmehr geht es darum, dass es für Dich wichtig ist, bestimmte Dinge einfach loszulassen, auch wenn es Dir schwerfallen wird. Dies solltest Du in jedem Fall tun, damit Du endlich frei bist. Nur ein freier Mensch kann schließlich glücklich sein!

Was ich Dir damit sagen will ist eigentlich relativ einfach. Schließlich ist es für jeden Menschen selbst sehr wichtig, dass er die Freiheit genießt. Gesund sein, glücklich sein

Impuls-Geschichte „Der Wasserbrunnen"

Ein mächtiger Zauberer hatte die Absicht, das Königreich zu zerstören. Er goss einen Zaubertrank in den Brunnen, aus dem alle Untertanen tranken. Jeder, der mit dem Wasser in Berührung kam, wurde verrückt.

Am nächsten Morgen ging das ganze Volk zum Brunnen, um zu trinken. Alle wurden verrückt, ausser dem König, der einen privaten Brunnen für sich und seine Familie besass, zu dem der Zauberer nicht gelangen konnte. Voller Sorge versuchte der Herrscher seine Autorität über das Volk zu auszuüben und gab eine Reihe von Gesetzen für die Sicherheit und die Gesundheit des Volkes heraus. Die Polizei und die Gerichte, die vom vergifteten Wasser getrunken hatten, fanden die königlichen Entscheidungen absurd und beschlossen, sie nicht einzuhalten.

Als die Bewohner des Königreiches den Gesetzestext lasen, waren sie überzeugt, dass ihr Herrscher verrückt geworden sei und daher sinnlose Dinge verordnete. Schreiend begaben sie sich zum Schloss und verlangten seine Abdankung. Verzweifelt erklärte sich der König bereit, den Thron zu verlassen, doch die Königin verhinderte es, indem sie ihm vorschlug: „Gehen wir zum Brunnen und trinken von diesem Wasser. So werden wir ihnen gleich."

Und so geschah es: Der König und die Königin tranken das Wasser der Verrücktheit und begannen augenblicklich sinnlos daherzureden. Das Volk überlegte es sich nun anders: Jetzt, da der König so viel Weisheit zeigte, konnte man es doch zulassen, dass er weiterregierte.

Im Land kehrte wieder die Ruhe ein, obwohl seine Bewohner sich ganz anders verhielten als ihre Nachbarn. Und so konnte der König regieren bis ans Ende seiner Tage.

(Paolo Coelho)

und vor allem eigene Ziele stecken ist das, was einen mehr und mehr erfüllt. Auch Du solltest darauf achten, dass Du immer Deinen eigenen Weg gehst. Achte darauf, was für Dich wichtiger ist und schaue genau, welche Möglichkeiten Du genau dann bekommen kannst. Du wirst sehen, dass Du nur so Erfolg haben wirst.

Deine innere Stimme wird immer Deinen Namen rufen. Das solltest Du dir merken und niemals vergessen. Schließlich ist es auch dahingehend sehr wichtig, dass Du immer wieder darauf hörst, was Dein Inneres sagt. Besonders dann, wenn es darum geht, dass Du sehr wichtige Entscheidungen für Dich treffen musst. Du musst Dir einfach vor Augen halten, dass es meistens Dein Unterbewusstsein ist, welches nach bestimmten Dingen im Leben schreit. Achte daher gezielt darauf, dass Du diese Schreie ernst nehmen musst.

Jeder Mensch hat eine innere Stimme, die einen zu Entscheidungen verleitet, die manchmal gut, manchmal aber auch schlecht sind. Du kennst wahrscheinlich das mulmige oder flaue Gefühl im Bauch, wenn Du eine Entscheidung treffen musst, die auf Dauer gelten soll? Oder du machst eine große Anschaffung und bekommst ein flaues Gefühl, weil Du nicht weißt, ob Du die Kosten halten kannst? Genau diese Gefühle beinhalten zugleich auch Deine eigene, innere Stimme. Es ist nicht immer leicht zu deuten, in welche Richtungen diese Gefühle gehen. Selbst wenn es einmal ein schlechtes Gefühl ist. Wir wollen damit verdeutlichen, dass alles was Du tust und wie Du handelst, immer mit Deiner inneren Stimme zu tun hat.

Halte Dir daher immer vor Augen, dass alles was Du tust auch mit Dir selbst zu tun hat. Niemand trifft für Dich die richtigen Entscheidungen, niemand ist dazu da, für Deine Veränderungen im Leben zu sorgen. Du brauchst Dir auch das von niemandem einreden lassen. Lass einfach los, was Dir nicht guttut und versuche, endlich aus diesem Bann auszubrechen. Du musst daher für Dich selbst entscheiden was richtig ist und was nicht. Niemand kann Dir dabei helfen, Dein eigenes Leben zu ordnen und auch niemand ist dafür verantwortlich, was in Deinem Leben geschieht. Damit sind nicht nur die positiven Dinge gemeint, sondern auch die negativen.

Man sagt immer, dass ein Mensch selbst das anzieht, was ihm im eigenen Leben wiederfährt. Man muss dazu sagen, dass es oft wirklich so ist. Wenn Du immer wieder daran denkst, dass Dir etwas Schlimmes passieren wird, ziehst Du es sozusagen magisch an. Denke einfach positiv und verfolge Deine persönlichen und individuellen Ziele. Diese sind es, die Dich glücklich machen und die auch Dir zeigen werden, wie einfach das Leben sein kann. Achte daher gezielt darauf, welche Möglichkeiten Du in dem Bereich hast und wie Du am besten vorgehst, um glücklich zu sein.

Du wirst nach und nach merken, dass es für Dich am besten ist, wenn Du auf Deine innere Stimme hören wirst. Lasse Dich daher keineswegs anderweitig verleiten, sondern mache das, was für Dich wichtig ist und was Dich glücklich macht. Nur so kannst Du lernen, endlich loszulassen und den Weg einzuschlagen, der für Dich ebenfalls von großer Bedeutung ist.

Kapitel 17 – Fünf Minuten verändern Dein Leben

Glaubst Du, dass nur fünf Minuten Dein Leben verändern können? Willst Du wirklich etwas ändern???!!! Ehrlich!
Dann sag Dir jetzt dreimal „Ich werde ….." (bitte vervollständige dieses Satz)
Wenn ja, dann kümmere Dich um die kleinen Dinge im Leben. Sie werden mehr verändern, als Du glaubst.
Positive / negative Nachrichten können ein Leben verändern. Auch ein einzelner Satz ist dazu in der Lage.

Wenn Du eine Nachricht von einem Bekannten erhältst, der Dir nicht nahesteht und dessen Nachricht Dich nicht direkt betrifft, so nimmst Du diese wahr, aber Dein Gemützustand wird sich nicht verändern. Handelt es sich jedoch um eine Nachricht, die Dir eine nahestehende Person mitteilt, dann kann diese Deinen Gemützustand negativ, wie positiv verändern. Du freust Dich mit dieser Person oder Du leidest mit ihr. Nachrichten, die direkt Dich betreffen, für die Du auch eine direkte Lösung finden musst, die werden Dich belasten, bis Du eine Lösung für das Problem gefunden hast.

Dir sollte bewusst sein, wenn Du viele kleine Dinge, die erledigt werden müssen vor Dir her schiebst, können diese kleinen Dinge zu einem großen Problem werden. Aus Kleinigkeiten werden große Probleme. Aus vielen Kleinigkeiten können viele große Probleme werden. Du wirst schnell merken, dass Dir in einem solchen Fall schnell alles über den Kopf wachsen kann.

Du solltest Dir, wenn Du viele negative Nachrichten erhältst, diese systematisch durchgehen. Es kann Dir ungemein helfen, diese vielen negativen Nachrichten aufzuschreiben. Danach schaust Du Dir diese an. Was glaubst Du, welche der Nachrichten lassen sich innerhalb von fünf Minuten als erledigt betrachten, wenn Du nur aufstehst und nach einer Lösung suchst. Welche Nachrichten bedürfen mehr Aufmerksamkeit und brauchen einen längeren Zeitraum, damit diese Nachrichten von negativen in positive Nachrichten umgewandelt werden können.

Gerade war in Deinem Leben noch alles in Ordnung und eine Minute später, vielleicht durch einen einzigen Satz, verändert sich Dein Leben grundlegend. Egal wie es sich verändert, wie fühlst Du Dich bei einer Veränderung? Trittst Du einer solchen eher positiv oder negativ entgegen? Magst Du Veränderungen oder gehörst Du eher zu den Menschen, die Angst vor Veränderungen haben.

Hast Du Dich schon einmal gefragt, warum Du in manchen Situationen einen kühlen Kopf bewahrst, in denen andere Menschen quasi durchdrehen? Hast Du Dich schon einmal gefragt, warum Du in Situationen durchdrehen könntest, die andere Menschen eher belächeln? Jeder Mensch ist anders und jeder Mensch geht mit Situationen unterschiedlich um. Der eine ist frustriert, zieht sich zurück und andere Menschen gehen mit einer schwierigen Situation besonnen um, vielleicht noch mit einem Lächeln im Gesicht und klären diesen Umstand in ein paar Minuten. Aus negativ wird so positiv.

So solltest Du es auch handhaben. Ich weiß, dass es nicht immer einfach ist sich einer Situation zu stellen. Es ist nicht immer einfach negativ in positiv umzuwandeln. Hier musst Du etwas tun, hier musst Du handeln und hier musst Du alleine nach einer Lösung suchen, mit der Du umgehen kannst. Hast Du es geschafft, so wirst Du dich erleichtert fühlen. Du wirst spüren wie die Freiheit Deinen Namen ruft und wirst motiviert sein, noch mehr an Deinem Leben zu ändern. Doch Du solltest niemals etwas Unüberlegtes machen. Denke immer daran, Du bist der Mensch, der seinem Leben eine positive Wendung gehen kann. Du wirst es schaffen, auch wenn Du mit Rückschlägen rechnen musst. Rückschläge, Krisen und Gegenwehr gehören zum Leben dazu. Sage Dir das immer wieder, wenn Du eine negative Erfahrung machen musstest.

*„Wer lange glücklich sein will,
muss sich oft genug verändern.“*

Kapitel 18 – Dein Glück hängt nur von Dir ab, sonst von niemandem!

Du hast jetzt alle Kapitel gelesen und nun weißt Du, worauf es ankommt, damit Du Dein Leben verändern kannst, damit die Freiheit auch Deinen Namen ruft. Wichtig ist, dass Du anfängst zu tun, dass Du endlich die Altlasten loslassen kannst und Deinen eigenen Weg gehst. Nehme Dir zu Herzen, dass es absolut egal ist, was in Deiner Vergangenheit geschehen ist, wichtig ist nur, wie Du Deine Zukunft gestaltest. Sicherlich wird es nicht einfach eine neue Zukunft zu gestalten. Du brauchst in jedem Fall eine Menge Disziplin, eine Menge Geduld und sicherlich sehr viel Ausdauer. Du kannst Deine eigene Geschichte schreiben, so wie Du Sie Dir wünschst, doch stehe auf und leg los.

Egal wie Du Dein Leben verändern möchtest, Du benötigst Selbstdisziplin. Selbstdisziplin ist nicht immer einfach umzusetzen und oftmals benötigst Du in irgendeiner Form Unterstützung. Selbstdisziplin ist, die Dinge zu tun, auch wenn Du gerade keine Lust auf diese hast.

Du kennst das bestimmt auch, der Wecker klingelt morgens, aber eigentlich magst Du noch gar nicht aufstehen. Was machst Du? Einfach den Wecker abstellen, Dich umdrehen und weiterschlafen? Oder stehst Du auf, machst Dich fertig und gehst zur Arbeit, Schule oder dorthin, wohin Du morgens regelmäßig gehen musst? Natürlich stehst Du auf, denn es gehört zu Deinem Tagesablauf. Natürlich hast Du einmal keine Lust, möchtest gerne noch ein bisschen liegen bleiben und einfach etwas entspannen. Doch Du machst es nicht. Du quälst Dich aus dem Bett. Du hast Selbstdisziplin.

Du musst lernen, die volle Verantwortung für Dein Leben zu übernehmen, denn es ist Dein Leben und nur Du kannst die Richtung wählen, die Du gehen wirst. Für Dein Leben gibt es nur einen einzigen Verantwortlichen. Du fragst Dich, wer das sein könnte? Deine Mutter, Dein Vater, Geschwister, Freunde oder der Partner? Nein, für Dein Leben bist nur Du alleine verantwortlich. An dem Tag, an dem Du aufhörst alle anderen Menschen für das verantwortlich zu machen, was Dir widerfährt, fängt ein neues Leben für Dich an.

Ich möchte Dir ein paar Fragen stellen und Dich bitten diese ehrlich zu beantworten.

- Wem gibst Du die Schuld an Deiner jetzigen Situation?
- Wie würde Dein Leben aussehen, wenn Du aufhören würdest anderen Menschen die Schuld für Deine jetzige Situation zu geben?
- Was könnte passieren, wenn Du aufhören würdest Dich als Opfer zu sehen?
- Hat es für Dich einen Vorteil, wenn Du Dich als Opfer siehst?
- Was könnte passieren, wenn Du anfängst Dein Leben nach Deinen Wünschen zu gestalten?
- Was würdest Du an Deinem Leben ändern?
- Wie könntest Du anfangen Dein Leben zu ändern?

Denke daran, sobald Du eine Entscheidung getroffen hast, wählst Du eine Entscheidung mit Deinen Gefühlen. Das können positive aber auch negative Gefühle sein. Diese Gefühle müssen Dich nicht erschrecken, denn diese Gefühle sind ein Teil von Dir. Diese Gefühle machen Dich als Menschen aus, sie machen Dich liebenswert. Denke immer daran.

Zuerst hast Du einen Gedanken, dann entsteht ein Gefühl, Du verhältst Dich dementsprechend und handelst. Ich möchte, dass Du in der folgenden Woche nicht einen negativen Gedanken hast. „Das geht aber nicht." Denkst Du das jetzt? Es kann sein, dass dies nicht klappen wird, aber sollte ein negativer Gedanke bei Dir aufkommen, so ersetze diesen direkt durch einen positiven Gedanken. Am Anfang ist die Umsetzung nicht so einfach. Genauso wie bei einer Diät, der Anfang ist immer am schwersten und oftmals verfällt man wieder in das alte Muster. Doch versuche es immer wieder, eine Woche keinen negativen Gedanken zu haben. Sollte sich ein solcher bei Dir einschleichen, verdränge ihn sofort durch einen positiven Gedanken. Hast Du es eine Woche lang geschafft, dann versuche aus einer Woche einen Monat zu machen. Was hat sich bei Dir verändert? Wie fühlst Du Dich?

Fürchte Dich niemals vor dem Leben, sondern denke immer daran, dass das Leben positiv ist. Das es nur dann negativ wird, wenn wir dies zulassen. Welche positiven Gedanken kann man einsetzen, wenn sich gerade negative Gedanken einschleichen? Hier hätte ich ein paar Tipps, die Dir helfen können.

Positive Gedanken, die Dir helfen können, damit die Freiheit Deinen Namen ruft:

- Ich habe fantastische Freunde
- Meine Familie liebt mich
- Ich habe einen tollen Job
- Ich liebe es in der Natur zu sein
- Ich fahre bald in Urlaub......
- Ich bin beliebt bei.......

Denke immer daran, dass Deine Einstellung Ausschlag gebend ist für Dein Glück.

Situation	Positiver Gedanke
Ich bin plötzlich arbeitslos geworden	Jetzt habe ich Zeit herauszufinden, was ich mir für die Zukunft wünsche
Ich bin erkrankt	Mein Körper braucht eine Pause
Das bin eben ich	Ich kann mir überlegen, ob ich so bleiben möchte wie ich bin
Das schaffe ich nicht	Mal schauen, was für Alternativen es gibt
Das ist unmöglich	Mal ausprobieren, ob ich das möglich machen kann

Ich habe ein Problem	Ich muss mich einer neuen Herausforderung stellen
Ich bin gescheitert	Ich kann aus Fehlern lernen
Das werde ich versuchen	Ich werde es machen
Immer wieder passiert mir das	Bis jetzt habe ich es nicht geschafft, aber..
Niemals könnte ich so etwas machen	Manchmal sollte ich es versuchen

Hast Du gemerkt, wie schnell man von einem negativen Gedanken zu einem positiven Gedanken wechseln kann? Hier kommt es immer nur auf die Sichtweise an. Es ist nicht einfach von negativen Gedanken schnell zu positiven Gedanken zu wechseln. Eine andere Einstellung bedarf etwas Übung, doch Du wirst es schaffen, da bin ich mir sicher. Sei geduldig mit Dir selbst und gebe niemals auf. Denke immer daran, dass nach jedem Hoch auch ein Tief kommen wird, doch auch nach jedem Tief kommt wieder ein Hoch. In Deinem Leben wird es immer wunderschöne und erfolgreiche Momente geben, doch auch Niederschläge gehören zum Leben. Machst Du gerade eine schlechte Erfahrung, so sage Dir direkt, es wird wieder besser werden. Manchmal glaubt man es in diesem Moment nicht, man denkt, das Leben mache keinen Sinn mehr. Warum müssen immer mir solche Dinge passieren? Habe ich nicht auch ein bisschen Glück verdient? Was könnten Menschen denken, die in schweren Situationen eher positiv denken? Was für ein Unglück, naja, morgen sieht alles schon wieder besser aus oder wie wäre es mit, heute hatte ich mal Pech gehabt, aber morgen ist ein neuer Tag. Morgen scheint wieder die Sonne und die Wolken ziehen weiter. Aus negativ mach positiv.

„Wenn Du Dich nicht bewegst,
bewegst Du nichts!“

Kapitel 19 - Du musst Dich an Veränderungen gewöhnen

Veränderungen – eigentlich etwas, das mit schönen Momenten verbunden ist. Doch für immer mehr Menschen ist es der Fall, dass sie mit den Veränderungen im Leben oder eher gesagt im Alltag nicht mehr zurechtkommen. Doch warum ist das so? Einfach gesagt ist der Mensch immer noch ein Gewohnheitstier. Das bedeutet für jeden einzelnen, dass man sich an bestimmte Situationen oder Menschen so schnell gewöhnt, dass es einem regelrecht schwerfällt, dahingehend Veränderungen zu erleben. Natürlich können solche Veränderungen nicht nur positiv ausfallen sondern auch negativ. Es kommt immer darauf an, um welche Veränderungen es geht und welche Auswirkungen genau diese Veränderungen auch im Menschen auslösen.

Doch was ist wirklich mit den Menschen, die generell Probleme haben, mit Veränderungen aller Art umzugehen? Genau da sollte man sich Gedanken machen. Manchmal ist es einfach mehr als notwendig, eine Veränderung zu erleben oder auch zu durchleben, damit man endlich wieder glücklich sein kann. Macht man das schließlich nicht, ist der Alltag das einzige, was einen hält. Doch dabei soll es in keinem Fall mehr bleiben. Eher im Gegenteil, man wünscht sich doch letztendlich, dass es einem gut geht und dass man auch im Alltag zurechtkommen kann. Veränderungen helfen, dass eigene Ich zu finden!

Man darf nicht vergessen, dass Veränderungen auch dazu da sind, um sein eigenes Ich zu finden. Veränderungen müssen gemacht werden, damit jeder Mensch auch zu sich selbst finden kann. Genau aus dem Grund ist es umso wichtiger, sich in dem Fall selbst helfen zu lassen und genau zu schauen, welche Erfahrungen man macht. Man muss bei jeglichen Veränderungen immer an diesen Satz denken: „Die Freiheit ruft Deinen Namen". Genau das ist es auch, was Veränderungen bewirken können.

Für viele Menschen gehören diese Veränderungen einfach zum Leben dazu. Alles was einem nicht gut tut oder alles, was man grundsätzlich als schlecht empfindet, sollte man einfach aus seinem Leben streichen. Dieser Schritt ist in vielerlei Hinsicht nicht leicht. Besonders dann, wenn es um eine Trennung geht oder darum, dass man sich von bestimmten Menschen im Leben verabschieden muss. Vielleicht ist es auch der eigene Job, der einen nicht mehr glücklich macht oder eben viele weitere Dinge, die dazugehören.

Jeder Mensch ist für sich selbst verantwortlich. Genau aus dem Grund muss man sich einfach entscheiden, was für einen persönlich wichtig ist und was eben nicht. Man darf nicht vergessen, dass es heutzutage einfach sehr viele wichtige Details gibt, an die man sich umgehend halten muss. Man darf nicht vergessen, dass es auch heute noch Menschen gibt, die einem dabei helfen werden und die volle Unterstützung anbieten. Doch eigentlich ist es die reine Veränderung, für die jeder Mensch selbst verantwortlich ist.

Man muss sich nur trauen, seine Wege zu gehen!
Es gibt immer mehr Menschen, die sich nicht einmal trauen, diese Schritte zu gehen. Doch warum eigentlich? Es ist die Angst vor der großen Veränderung. Es gibt selten jemanden, der nur auf sich selbst achtet. Vielmehr geht es darum, seinem Umfeld zu gefallen oder sich so zu positionieren, dass auch andere auf einen sehen. Ob man in diesen Momenten unglücklich ist, scheint völlig egal zu sein.

Doch genau das ist es, was man selbst in die Hand nehmen muss. Man muss sich endlich trauen, auch etwas für sich zu tun. Was hat man davon, wenn man nicht mehr glücklich ist? Oder sich in ein Leben begibt, das man eigentlich gar nicht in der Art und Weise führen möchte? Genau das ist es, was man sich auf Dauer weiterhin vor Augen halten sollte. Es ist einfach viel mehr als nur das, was man für andere tun kann. Man darf einfach nicht vergessen, dass es heutzutage sehr viele interessante Möglichkeiten gibt, um endlich mal seinen eigenen Weg zu gehen.
Fakt ist, dass man nur für sich selbst da sein sollte. Auch wenn es Veränderungen gibt, die wahrscheinlich anfangs schmerzhaft sind oder sogar ungewohnt – man darf nie vergessen, dass man auch selbst einmal dran ist. Wer glücklich ist und selbst weiß, wie man mit den eigenen Veränderungen umgehen soll, kann auch dann ein tolles und schönes Leben führen. Wieso nicht endlich ausbrechen und die Veränderungen selbst in die Hand nehmen?

Gar nicht so einfach, wie man es ausspricht!
Garantiert ist es nicht so einfach wie man denkt, oder eben genau in diesem Moment ausgesprochen hat. Es steckt

deutlich mehr dahinter als nur das. Man darf nicht vergessen, dass man heutzutage sehr viele weitere Dinge im Leben für sich selbst tun kann. Damit sind nicht nur die vielen Veränderungen gemeint, die man im Leben haben wird, sondern auch noch vieles mehr. Man darf sich niemals selbst aufgeben und sollte immer schauen, dass man sich auch dann Hilfe holt, um eben das Leben führen zu können, das man sich auf dem Weg vorstellt.

Man sollte einfach immer daran denken, dass man die Veränderungen, die man herbeiführt, immer noch für sich persönlich macht und nicht für andere. Genau deswegen ist es umso wichtiger, für sich selbst einzustehen und sein Leben in die Hand zu nehmen, damit man endlich glücklich wird!

Ich möchte, dass Du nun bitte Veränderungen in Deinem Leben aufschreibst, die erst kürzlich aufgetreten sind. Zunächst bitte die positiven Veränderungen und dann die negativen Veränderungen.

Positive Veränderungen

Negative Veränderungen

Wie hast Du auf die positiven Veränderungen reagiert:

Wie hast Du auf die negativen Veränderungen reagiert?

„Eine Lebenskrise ist immer eine Wahrnehmungskrise".

Kapitel 20 - Chaos gehört zu Deinem Leben

Es ist völlig normal, wenn Du einmal Chaos im Leben hast. Jedem Menschen geht es genauso. Es ist wichtig, dass Du dich dafür nicht schämst. Es ist nicht möglich alles genau durchzuplanen. Wenn Du das Chaos in Dein Leben lässt, kann vieles einfacher werden. Wenn Du das Chaos zulässt, wirst Du merken, dass vieles leichter sein wird. Die Freiheit ruft Deinen Namen. Du wirst merken wie eine Last von Dir verschwindet.

Vielen Menschen glauben, dass Chaos etwas Schlimmes ist und nicht im Leben vorkommen sollte. Das ist aber falsch. Viele Menschen haben oft ein kreatives Chaos. Dies ist aber nichts Schlimmes. Dies bedeutet nur, dass Dein Arbeitsplatz auf den ersten Blick sehr unordentlich aussieht. Wenn Du aber Dein Chaos genauer betrachtest, wird Dir auffallen, dass du alles findest. Für andere hat Dein System keinen Sinn. Für sie sieht es nur unordentlich aus, aber Du findest alles. Du weißt ganz genau wo was ist. Menschen, die in einem kreativen Beruf arbeiten wie zum Beispiel Künstler, haben oft ein kreatives Chaos.

Chaos ist nicht immer Chaos. Deine Freunde werden gewisse Sachen ganz anders wegräumen als Du. Dir kann es öfter passieren, dass nicht jeder mit Deiner Ordnung zurechtkommt. Es gibt sogar verschiedene Studien, die herausgefunden haben, dass Chaos gut für die Kreativität ist. Dies bedeutet, dass Du mehr Ideen bekommst, wenn Dein Schreibtisch unordentlich ist. Auch wenn Du Chaos in Dein Leben lässt, bedeutet das nicht, dass Du ein Messi bist.

Es gibt auch Vorurteile gegen Menschen, die im Chaos leben. Wenn Du Chaos in dein Leben lässt, halten Dich viele für unordentlich und unzuverlässig. Es kann vorkommen, dass Dich manche Menschen einen Chaoten nennen werden. In unserer Gesellschaft hat der Begriff Chaot etwas Negatives. Als Chaot werden Menschen bezeichnet, die keine Ordnung halten können. Menschen, die Unruhe und Durcheinander verbreiten, werden auch Chaoten genannt. Du musst Dir aber keine Sorgen machen. Du bist nicht direkt ein Chaot, wenn Du das Chaos in Dein Leben lässt. Es kommt immer darauf an, wieviel Chaos du in Deinem Leben zulässt. Niemand ist perfekt und jeder hat etwas Chaos in seinem Leben. Es ist egal, ob du kreatives Chaos auf deinem Schreibtisch hast oder Deine Ordnung in der Wohnung anders ist als bei anderen. Wenn Du eine Familie hast wirst Du merken, dass die Zeit mit deiner Familie viel mehr Wert hat. Besonders Mütter werden dies verstehen. Mütter könnten den ganzen Tag die Wohnung putzen, da immer etwas zu tun ist. Viele Mütter tun dies aber nicht, da Ihnen die Zeit mit ihren Kindern zu wertvoll ist. Diese Zeit kann man nicht nachholen. Es ist daher angenehmer, wenn die Wohnung nicht glänzend sauber ist, aber man Zeit mit der Familie verbringen konnte. Wenn Du Dich erinnerst, hatte Deine Mutter auch immer Zeit für Dich gehabt. Solange die Wohnung sauber war hatte sie immer Zeit für Dich.

Kapitel 21 - Lerne Dich selbst kennen

Die Freiheit ruft Deinen Namen, das wünschen sich viele Menschen. Damit das auch Dir passiert ist es wichtig, dass Du dich selber kennen lernst. Überlege einmal ganz genau wer Du bist. Was sind Deine Stärken und was sind Deine Schwächen. Was genau macht Dich aus. Damit Du Dich frei fühlen kannst solltest Du Dich sehr genau kennen. Menschen, die sich genau kennen, sind mit sich besser im Einklang.

Jeder Mensch ist verschieden. Es ist möglich, dass Du mit Deinen Freunden oder mit Deiner Familie Gemeinsamkeiten hast. Es kann sein, dass Du die gleichen Hobbys hast wie Deine Freunde. Es kann auch sein, dass Du die gleiche Musik magst wie sie. Und es kann sogar sein, dass Du und Deine Freunde die gleichen Charakterzüge habt. Aber am Ende ist jeder Mensch anders.

Das ist auch gut so. Es wäre ziemlich langweilig, wenn Du wie jeder andere Mensch bist. Umso wichtiger ist es, dass Du Dich selbst kennen lernst.

Es ist völlig normal, dass Du Erfolg im Leben haben möchtest. Es ist auch völlig normal, dass Du einen Job haben möchtest, der Dir Spaß macht. Außerdem ist es auch normal, dass Du Dir ein glückliches Leben wünschst, vielleicht auch mit einer eigenen Familie. Damit Du Dir das alles ermöglichen kannst ist es wichtig, dass Du Dich selbst kennen lernst. Es ist wichtig, dass Du Dich reflektierst und Dich kennenlernst. Nur dann kannst Du erkennen, was Du ändern musst, um Deinen Zielen näher zu kommen. Du kannst nicht immer das gleiche machen und darauf hoffen, dass ein anderes Ergebnis eintrifft. Es ist wichtig, dass Du Deine Beziehung mit Dir selbst erforschst. Dies ist nötig, damit Du in Deinem Leben weiterkommst und nicht immer an der gleichen Stelle stehen bleibst. Es gibt keinen anderen Weg, den Du einschlagen kannst, damit Du im Leben weiter kommst.

Wenn Du Dich nicht selbst kennen lernst, hast Du keine Chance Glaubenssätze zu erkennen, die Dich von deinem Erfolg abbringen. Du hast keine Chance herauszufinden, welche Dinge Deine Energie abziehen und welche Dinge schlechte Gefühle produzieren. Es ist auch wichtig, dass Du herausfindest, welche Ängste Du hast. Wenn Du nicht herausfindest welche Ängste Du hast, kann Dich diese Situation davon abhalten, eine intime Beziehung aufzubauen. Wenn Du Dich nicht kennen lernst, wirst Du nie was ändern können. Auf lange Sicht wirst Du nicht weiterkommen. Es besteht die Möglichkeit, dass Dich diese Situation schwächt. Wenn Du Dich selber kennen lernst führt dies dazu, dass Du mehr Selbstvertrauen bekommst.

Wenn Du Dich nicht kennst, wird es Dir schwer fallen, Dir selber zu vertrauen. Dies ist aber völlig normal. Du vertraust auch keinem Wildfremden. Einem völlig Fremden würdest Du auch nicht Deine komplette Geschichte oder Deine Sorgen erzählen. Es sollte normal sein, dass Du Dich am besten kennst. In der heutigen Zeit ist es völlig normal, dass Du Dich mit Fernsehen und Internet ablenkst und Du Dich nicht mit Dir beschäftigst. Leider zählt ein hohes Selbstwertgefühlt nicht mehr viel. Bereits in Deiner Kindheit wurde Dir beigebracht genau das zu machen, was von

Dir verlangt wurde. Dir wurde beigebracht, dass Du nur dann ein guter Mensch bist. Bereits als Kind musstest Du schon Leistung bringen. Es wurde erwartet, dass Du viel lernst und in der Schule aufpasst, damit Du später ein gutes Leben führen kannst. Deine Eltern wollten nur das Beste für Dich. Aber niemand hat Dir beigebracht in Dich hinein zu spüren, Dich selber kennenzulernen und Dir selber zu vertrauen. Wenn Du älter wirst verlagert sich Dein Fokus immer mehr nach außen. Du nimmst Dich immer weniger wahr. Du nimmst deinen Körper, deine Gedanken und Gefühle nicht mehr ganz wahr. Du nimmst sie nur noch ganz am Rande wahr. Du kannst aber dagegen etwas tun. Du kannst anfangen Dich selber kennen zu lernen. Du kannst diese Beziehung wieder auffrischen. Du musst Dir dafür nur Zeit nehmen und die Bereitschaft dazu aufbringen. Es gibt verschiedene Bereiche, die sich lohnen, wenn Du sie erforschst. Dazu gehört der Bereich Gedanken. Du solltest Dich damit beschäftigen, was Du den Tag über so gedacht hast. Was hast Du bei deinen Handlungen gedacht. Es ist sehr hilfreich, wenn Du darüber reflektierst. Außerdem ist dies sehr wichtig. Jeder Mensch denkt pausenlos. Häufig passiert es einfach vollkommen unbewusst. Jeder kennt, in Gedanken gefangen zu sein. Du denkst über eine Sache genau nach und bekommst deine Umwelt nicht mehr mit. Unsere Gedanken können wir nicht beeinflussen, sie sind einfach da.

Gedanken tun was immer sie möchten. Es kann vorkommen, dass Du oft über vergangene Probleme nachdenkst. Es ist wichtig, dass Du anfängst, Deine Gedanken zu akzeptieren. Dein Körper ist im Stande, verschiedene umwerfende Gefühle zu produzieren. Aber unsere Gesellschaft möchte nur, dass Dein Körper funktioniert. Das heißt, Du sollst nicht krank werden sondern wie eine Maschine funktionieren. Wenn Du auf Deinen Körper hörst wirst du merken, dass er Dir genau sagt, was er braucht. Damit Du Dich besser kennen lernen kannst musst Du lernen, mit Deinem Körper mehr zu kommunizieren. Es ist wichtig, dass Du lernst Dich mehr zu spüren. Meditation kann Dir dabei helfen. Diese Methode eignet sich perfekt, damit Du dich kennen lernst. Bei der Meditation verbringst Du eine gewisse Zeit im Stillen. Du konzentrierst Dich nur auf Dich.

Diese Methode kann der erste Schritt sein, damit Du Dich kennen lernst. Wenn Du Dich selbst kennen lernst, kannst Du dies auf verschiedenen Ebenen tun. Du kannst Dich auf der mentalen, emotionalen und auf der körperlichen Ebene erforschen. Damit Du Dich selbst lieben kannst ist die Voraussetzung, dass Du Dich kennst. Wenn Du Dich selber kennst, kannst du einen inneren Frieden bekommen. Es ist wichtig, dass Du Dir Zeit für Dich selber nimmst. In dieser Zeit solltest Du Dinge unternehmen, die Dir Spaß machen, bei denen Du Dich wohl fühlst. Nur dann kannst Du diese Zeit genießen.

Kapitel 22 - Akzeptiere Deine Ängste

Es ist in Ordnung, wenn Du Angst hast. Jeder Mensch hat Angst. Es gibt Menschen, die haben Angst vor der Dunkelheit und es gibt Menschen, die haben Angst allein zu sein. Normalerweise wirst Du versuchen Deine Angst loszuwerden. Dies ist für Dich viel einfacher, angenehmer als sich der Angst zu stellen. Angst ich auch kein angenehmes Gefühl und keiner strebt es an. Die Freiheit ruft Deinen Namen, wenn Du deine Ängste akzeptierst und lernst mit diesen umzugehen.

Ängste zu haben ist menschlich. Du musst Dich also dafür nicht schämen. Es ist wichtig, dass Du genau weißt, wovor Du Angst hast und wovor nicht. Wenn Du Dich genau kennst, wird das kein Problem für Dich sein. Es ist sehr wichtig, dass Du akzeptierst, wovor du Angst hast. Wenn Du Deine Ängste nicht akzeptierst, wirst Du schnell merken, dass Deine Ängste die Oberhand gewinnen. Es ist wichtig, dass Du Dich Deinen Ängsten stellst. Wenn Du zum Beispiel beim Einkaufen Angst vor Menschen hast, solltest Du dich selber fragen, wovor Du genau Angst hast. Es kann sein, dass Du Symptome wie zum Beispiel starkes Schwitzen oder hastiges Atmen bekommst. In diesen Moment solltest Du ruhig bleiben und herausfinden, was genau Deine Angst auslöst. Im Grunde gibt es keinen Grund Angst zu haben. Du hast die Möglichkeit jederzeit den Laden zu verlassen. Wenn Du aber Deiner Angst einfach freien Lauf lässt, wirst Du jedes Mal nach kurzer Zeit den Laden verlassen. Wenn Du Deine Angst akzeptiert hast, ist der nächste Schritt diese zu bekämpfen. Bevor Du einkaufen gehst, lege eine Zeit fest, wie lange Du in diesen Laden bleibst. Wenn Du dies getan hast verlasse den Laden erst, wenn die Zeit vorbei ist oder wenn Deine Symptome verschwunden sind. Die ersten Male werden hart, aber es wird besser.

Deine Ängste werden Dich vielleicht nie verlassen, aber Du wirst einen Weg finden wie Du mit Deiner Angst leben kannst. Der Weg aus der Angst, führt durch die Angst hindurch!

„Ein Problem lösen heißt,
sich vom Problem lösen.“

(Goethe)

Kapitel 23 - Neutralisiere alles was Dich stört

Die Freiheit ruft Deinen Namen! Damit dies möglich ist, musst Du alles neutralisieren was Dich stört. Alles was Dich runterzieht oder Dir im Weg steht musst Du auflösen. Es ist normal, dass Du als Mensch akzeptiert werden möchtest. Es kann sogar vorkommen, dass Du Dich dafür extra verstellst.
Du verstellst Dich, weil Du denkst, dass Dich keiner so mag wie Du bist. Es kann aber auch sein, dass Du keine Lust auf Konfrontationen hast. Für Dich ist es vielleicht einfacher Dich zu verstellen. Damit sollte ab jetzt Schluss sein, mit allem was Dich stört. Es ist egal, was es ist. Wenn Dich Deine Wandfarbe stört, dann ändere sie einfach. Wenn Dich Deine Frisur stört, dann ändere auch diese. Wenn Dich das Verhalten Deiner Freunde stört, sag etwas. Wenn Du alles immer runterschluckst, höre damit auf und sag was Dich beschäftigt.

Am besten schreibst Du eine Liste, was Dich alles stört. Es ist völlig egal wie lang die Liste ist. Diese Liste ist nur für Dich. Egal ob diese Liste ein oder fünf Seiten hat. Alles was Du auf dieser Liste geschrieben hast, wirst Du nach und nach entfernen. Bist Du mit Deinem Job unzufrieden, finde heraus, warum Du unzufrieden bist und ändere etwas. Vielleicht wäre ein anderer Job eine gute Idee. Du kannst einfach eine andere Berufssparte wählen.

Du hast die Möglichkeit ganz einfach zu reisen. Es gibt viele Menschen, die für ein Jahr um die Welt reisen und die Welt entdecken. So kannst Du einfach einmal abschalten und entspannen und die Welt erkunden. Es gibt die Möglichkeit des Work and Travel. Dabei reist Du zu einem anderen Ort und arbeitest auch dort. Es muss aber nicht immer eine Weltreise sein. Vielleicht reicht Dir auch eine mehrtägige Reise. Dir stehen so viele verschiedene Orte zu Verfügung, die eine Reise wert sind. Du kannst selber entscheiden, ob Du lieber Urlaub in der Sonne oder im Schnee machen möchtest. Dir stehen alle Möglichkeiten zu Verfügung. Es ist nur wichtig, dass Du alles bekämpfst, was Dich stört.

Kapitel 24 - Trenne Dich von den Menschen, die Dich nicht akzeptieren wie Du bist

Jeder von uns hat Freunde, wobei der eine Freund mehr bedeuten kann als der andere. Das wirst auch Du kennen. Dir wird es bestimmt nicht leicht fallen, wenn Freundschaften zu Ende gehen. Es gibt aber auch Menschen, die Dich in Deinen Leben nicht weiterbringen. Es gibt alte Freunde oder Menschen, die Dich nicht akzeptieren wie Du bist. Es wird Dir immer wieder im Leben passieren, dass Du Menschen begegnest, die Dich nicht akzeptieren wie Du bist.

Die Freiheit ruft Deinen Namen, wenn Du Dich von Menschen trennst, die Dich nicht akzeptieren. Diese Menschen solltest Du einfach meiden. Sie erkennen Deinen Wert nicht. Sie wissen nicht, was für ein toller Mensch Du bist. Sie wissen nicht, was ihnen entgeht. Es kann sein, dass Du Selbstzweifel bekommst.
Es kann vorkommen, dass Du Dich fragst, warum Dich manche Menschen nicht akzeptieren. In unserer Gesellschaft sollte jeder Mensch akzeptiert werden. Nicht jeder muss Dich mögen, auch wenn Du dies am liebsten möchtest. Das ist aber nicht immer möglich, da jeder Mensch unterschiedlich ist. Es wird Menschen geben, die Dich mögen und akzeptieren wie Du bist.

Wenn Du Dich damit abgefunden hast, dass Dich nicht jeder Mensch mögen kann wird es Dir deutlich besser gehen. Wenn Du Dich damit nicht abfindest, wirst Du sehr oft frustriert sein. Es kann auch passieren, dass Du traurig oder enttäuscht bist. Im Laufe Deines Lebens wird es öfter vorkommen, dass Du auf Menschen triffst, die Du nicht magst. Du solltest aber immer versuchen andere Menschen zu akzeptieren.

Es gibt auf der Welt sehr viele Menschen, die andere nicht akzeptieren. Es ist aber wichtig, dass Du damit anfängst. Du solltest andere Menschen immer so behandeln wie Du behandelt werden möchtest. Du musst nicht jeden Menschen mögen, Du solltest ihn aber akzeptieren und respektieren. Dir werden im Laufe deines Lebens Leute über den Weg laufen, die Dir eine Freundschaft vorspielen und Dich ausnutzen werden.

Es ist nicht immer einfach herauszufinden, welcher Deiner Freunde wirklich ein Freund ist. Es kann auch passieren, dass Du mehrmals hinfällst. Es ist aber wichtig, dass Du immer wieder aufstehst. Egal wie oft Du hinfällst, steh immer wieder auf. Im Leben hast Du sehr viele Bekannte aber nur eine Hand voll Freunde. Viele Deiner Bekannten werden Dir vorspielen, dass sie Freunde sind. Wenn sie etwas brauchen, werden sie auch immer wieder zu Dir kommen und Dich um Hilfe bitten.

Wenn es Dir nicht gut geht und Du einen Freund brauchst, wirst Du merken, wer wirklich ein Freund ist. Dies ist der Fall, wenn alle Deine angeblichen Freunde keine Zeit mehr haben. Wenn Du einen Freund brauchst, wird Dein wahrer Freund für Dich da sein. Auf diese Freunde kannst Du immer zählen.

Egal wie spät es ist, Du kannst Sie jeder Zeit erreichen. Alle anderen Menschen kannst Du aus deinem Leben streichen, denn sie sind nichts wert. Menschen, die Dich nicht akzeptieren wie Du bist, sind manchmal gedankenlos und rücksichtslos. Manchmal drücken diese Menschen auf Deine Wunden. Sie tun dies bewusst oder auch unbewusst. Diese Menschen überschreiten oft deine Grenzen. Dies passiert oft auch auf eine unschöne Weise.

Das wichtigste ist, dass Du glücklich bist. Damit Du glücklich sein kannst, musst Du dich auch von manchen Menschen trennen. Wenn Du zu diesen Abstand nimmst, kann das Deiner körperlichen und geistigen Gesundheit nur förderlich sein.
Damit Du glücklich sein kannst solltest Du zu Menschen, mit denen Du nur Konflikte hast, Abstand halten. Jeder Konflikt, den Du führst, kostet Dich sehr viel Energie. Außerdem kannst Du durch die vielen Konflikte Dein Leben nicht mehr genießen. Deswegen ist es so wichtig, dass Du Dich von allem trennst, das Dich emotional kaputt macht. Der erste Schritt, damit Du glücklich sein kannst ist, dass Du diese Menschen erkennst, die Dir nicht gut tun. Sie können in Dir eine Instabilität und Unsicherheit hervorrufen. Es kann auch vorkommen, dass Du denkst diese Menschen zu kennen, obwohl das nicht der Fall ist. Leider kannst Du dich in den Menschen täuschen. Du weißt nie, ob ein Mensch sich verstellt. Es werden immer wieder Menschen in Deinen Leben treffen, die deine Vorstellungen und Ideen sowie deine Gefühle nicht wertschätzen. Diese Menschen, die Dich benutzen um sich besser zu fühlen, hängen in einer Spirale ihrer eigenen Probleme fest.

Sie sind mit ihrem Leben nicht mehr zufrieden und benutzen Dich als Zielscheibe, um von Ihren Problemen abzulenken. Es ist wichtig, dass Du verstehst, warum Du Dich von diesen Menschen trennst. Manche Trennungen tun sehr weh. Wenn Du aber den Verlauf der Beziehung betrachtest, wirst Du einfacher verstehen, warum die Trennung eine gute Idee ist. Wenn ein Mensch dein Vertrauen missbraucht oder Dich immer wieder verletzt, ist eine Trennung oft das Beste, das Du machen kannst. Diesen Menschen können Dich auf dem Weg der Selbstfindung behindern. Am Ende eine Beziehung, egal ob freundschaftlich oder partnerschaftlich, solltest Du die guten Zeiten festhalten und einen Schlussstrich ziehen. Es ist auch wichtig, dass Du den Schlussstrich deutlich machst so, dass der andere es auch weiß. Es ist auch wichtig, dass Du dankbar für die gemeinsame Zeit bist. Wenn neue Menschen in Dein Leben treten, solltest Du am besten direkt darauf achten, ob diese Person in Dein Leben passt.

Kapitel 25 - Lebe jeden Tag als wäre es Dein letzter

Lebe jeden Tag als wäre es Dein letzter, das solltest Du tun. Es gibt einen Film, den ich Dir hierzu empfehlen kann: The Bucket List (Die Löffelliste bzw. Das Beste kommt zum Schluss, mit Jack Nicholson und Morgan Freeman). Hier geht es um zwei ältere Herren, die sich eine Liste schreiben mit Dingen, die sie gerne noch machen möchten, bevor sie den „Löffel abgeben". Lebe jeden Tag als wäre es Dein letzter. Ich meine mit dieser Aussage, dass Du alle Dinge, die Dir wichtig sind, alle Dinge, die Du Dir wünschst, auch umsetzen solltest. Eine verpasste Chance kommt vielleicht nie wieder und irgendwann wirst Du bereuen, etwas nicht getan zu haben. Sicherlich gibt es auch in Deinem Leben Dinge, die Du schon immer einmal machen wolltest. Sicherlich hast Du es aber immer wieder verschoben und gedacht, das könntest Du später auch noch machen.

Dazu kann ich Dir ein Beispiel geben. Ein besonders guter Freund ist verzogen. Die Liebe hat ihn umziehen lassen. Eigentlich war die Entfernung nicht unüberwindbar, mit dem Auto maximal zwei Stunden. Anfangs hat man sich regelmäßig besucht, doch irgendwann wurden die Besuche immer weniger, die Telefonate ebenfalls. Jeder war so beschäftigt, dass keiner bemerkt hat, wie schnell die Zeit doch vergangen ist. Ein Jahr, zwei Jahre und so ging es weiter. Nach jedem seltenen Telefonat wurde ihnen wieder bewusst, wie lange sie sich schon nicht mehr gesehen haben und beide haben sich vorgenommen einander wieder einmal zu besuchen. Keiner aber hat einen Termin fixiert und wieder zog ein weiteres Jahr vorbei wie nichts.

Eines Tages machte ich den Briefkasten auf und da war sie die Einladung zur Trauerfeier. Er war verstorben, eine schwere Krankheit. Ich wusste nichts davon, er wollte es wohl nicht. Hätte ich mich öfters bemüht, wäre ich den Schritt gegangen und hätte ich ihn besucht, so hätte ich noch einmal Abschied nehmen können. Man sollte eine Chance niemals dahinziehen lassen. Was man sich vornimmt, sollte man tatsächlich umsetzen und nicht immer wieder verschieben. Irgendwann ist der Moment da und es ist zu spät. Direkt handeln, direkt einen Wunsch sich erfüllen. Für Begräbnisse von Freunden nehmen wir uns immer Zeit, um beim Abschied dabei zu sein. Warum nehmen wir uns nicht Zeit, solange wir gemeinsam etwas unternehmen können?

Ich finde es sehr traurig, denn es gibt Menschen, die krank sind, Menschen, die wissen, dass sie bald sterben werden. Diese Menschen machen eine Liste mit den verrücktesten Sachen, die sie noch erleben möchten und sie ziehen es durch. Warum macht man dies nicht schon dann, wenn es einem gut geht? Warum muss man erst Veränderungen herbeirufen, wenn es einem schlecht geht? Welche Veränderungen wünschst Du Dir, was möchtest Du in Deinem Leben noch erleben? Egal wie unmöglich diese Erlebnisse sind, schreibe 10 Dinge auf, die Du machen möchtest?

Vorhaben	Wann umsetzen	Bereits umgesetzt

Du solltest unbedingt Deine Träume umsetzten, nach jedem Traum wächst Du ein Stück und wirst Dich besser fühlen. Du kannst sagen, dass Du lebst und dass die Freiheit Deinen Namen gerufen hat.

Jeder Tag in Deinem Leben ist kostbar. Für die Menschen ist jeder Tag ein neuer Tag. Du denkst nicht daran, dass der heutige Tag der letzte sein könnte. Es ist aber wichtig, dass Du jeden Tag nutzt als wäre es Dein letzter. Du weißt nie, ob Du den morgigen Tag erlebst. Es gibt so viel auf der Welt, das Du gesehen haben musst. Es gibt so viele verschiedene Momente, die Du einfach nützen solltest. Du weißt nie genau, ob der Sonnenaufgang oder Sonnenuntergang der letzte ist, den Du sehen wirst. Es ist wichtig, dass Du jeden Tag genießt. Du solltest jeden Tag so leben, dass du ihn nicht bereuen musst.

Die Menschen verbringen viel zu viel Zeit mit Arbeit. Dabei könntest Du viel mehr mit deiner Zeit anfangen. Du könntest zum Beispiel in Urlaub fahren oder Sachen machen, die Du schon immer machen wolltest. Es gibt so viele verschiedene Möglichkeiten, wie Du Deinen Tag nutzen kannst. Du könntest zum Beispiel auch etwas mit Deinen Liebsten machen. Wenn jemand Dich fragen würde, was Du an Deinen letzten Tag machen würdest, würdest Du wie sehr viele Menschen sagen, dass du viel Spaß haben möchtest. Außerdem würdest du erwähnen, dass Du viel erleben möchtest. Am besten machst Du eine Liste mit allen Dingen, die Du unbedingt machen möchtest und arbeitest diese ab. Natürlich ist es nicht möglich, dass Du jeden Tag lebst als wäre es dein letzter. Wenn Du jeden Tag das machen würdest, was Du an Deinem letzten Tag tun würdest, wäre das nicht ganz so gut. Du solltest dir genau überlegen, was Du alles erleben möchtest. Vielleicht wäre eine Ländereise etwas für Dich. Du solltest jeden Tag das Wetter genießen und das Gute sehen. Wenn Du andauernd an das Schlechte denkst, wird Dich dies runterziehen. Versuch alles Negative zu vergessen. Sei glücklich über die kleinen Dinge im Leben. Es nützt nichts sich über Sachen aufzuregen, die Du nicht ändern kannst. Du solltest immer deine Bedürfnisse wichtig nehmen. Deine Bedürfnisse zeigen Dir genau, was Du brauchst und was nicht. Bei guten Wetter geh raus und genieße den Tag. Leg Dich in die Sonne und entspanne Dich. Du kannst natürlich auch in Deiner Wohnung bleiben und den Tag vorbei gehen lassen. Ob das genau das ist was Du möchtest oder brauchst, ist natürlich Dir überlassen. Die Liste der Dinge, die Du machen solltest oder nicht lässt sich in die Länge ziehen. Was Du genau machst ist jederzeit Dir überlassen. Was wichtig ist, dass Du Dir von niemandem die Laune verderben lässt. Außerdem ist es wichtig, dass Du zu anderen Menschen freundlich bist, Dir sollten Sachen wie Geld, Schönheit etc. nicht so wichtig sein. Im Endeffekt zählen Deine inneren Werte und nicht Deine äußeren. Am Ende sind Freundschaft und Familie das wichtigste im Leben, sie lassen sich mit keinem Geld der Welt bezahlen. Die Freiheit ruft Deinen Namen. Das passiert, wenn Du jeden Tag so gelebt hast, dass Du nichts bereust.

Kapitel 26 - Du bist ein ganz besonderer Mensch

Es ist nicht immer einfach sich zu bestätigen, dass man ein ganz besonderer Mensch ist. Auch der Glaube daran fehlt einem oft. Andere Menschen ziehen einen runter, machen einen schlecht oder man wird von seinem Umfeld nicht akzeptiert. Doch die Interessen der Menschen sind so unterschiedlich wie der Mensch selber. Jeder Mensch, Du, ich und alle anderen Menschen sind Persönlichkeiten, sind etwas ganz Besonderes. Du kennst sicherlich auch den Spruch: „Jeder Topf findet seinen Deckel." In diesem Satz steckt ein großer Funken Wahrheit. Denn für jeden Menschen gibt es ein Gegenstück, das es nur gilt zu finden, im anderen Menschen, der bemerkt, wie einzigartig und besonders du bist. Ein Mensch, der Dich zu schätzen weiß und Deine Vorzüge erkennt. Wichtig ist hierbei nur, dass Du ebenfalls bemerkst was das Besondere an Dir ist. Was macht Dich zu dem Menschen, der Du bist? Was macht Dich so einzigartig? Warum lebst Du so, wie Du lebst? Hierauf gibt es viele Antworten.

1. Ich bin so erzogen worden

2. Man erwartet es von mir

3. Ich bin zufrieden mit meinem Leben

4. Gibt es noch ein anderes Leben?

5. Ich würde gerne etwas ändern, aber ……..

6. Eigentlich ist doch alles gut so wie es ist

Alle diese Punkte sind nicht so wirklich überzeugend. Manche Menschen leben einfach ihr Leben, weil sie es so gewohnt sind. Sie möchten nicht aus diesem Kreis heraustreten, da sie nicht wissen, was sie dann erwartet.

Hier ist sie wieder, die Angst. Es könnte sein, dass man versagt. Es könnte sein, dass andere Menschen sich abwenden. Ebenso könnte es sein, dass das Leben einen ungewollten Verlauf nimmt. Sicherlich könnte dies der Fall sein, doch Du möchtest doch aus diesem Kreis ausbrechen, weil Du nach einer Veränderung suchst, ansonsten würdest Du Dir darüber keinerlei Gedanken machen. Du würdest dieses Buch nicht lesen. Du würdest sagen, dass Du ein absolut glücklicher Mensch bist, der sein Leben genauso lebt wie er es sich vorstellt und wünscht. Du würdest über keinerlei Veränderung nachdenken. Doch Du tust es!

Du möchtest etwas an Deinem Leben ändern. Du möchtest ausbrechen und hörst wie die Freiheit Deinen Namen ruft. Alleine der Gedanke etwas zu verändern macht Dir einerseits große Angst, aber auf der anderen Seite zaubert es Dir ein Lächeln auf das Gesicht. Du möchtest frei sein. Du möchtest etwas verändern. Dann mach es, fange mit kleinen Schritten an, mit Schritten, die Du akzeptieren kannst.

Lebe Dein Leben so, wie Du es Dir immer schon erträumt hast. Natürlich wird sich etwas ändern und natürlich werden nicht alle Menschen in Deinem Umfeld damit umgehen können. Du wirst aber auch bemerken, dass es Menschen gibt, die diesen neuen Menschen bewundern. Menschen, die neidisch sind, weil du diesen Weg beschreitest. Oftmals sind dies Menschen, von denen Du es niemals erwartet hättest. Fang endlich an zu leben. Ich möchte Dir jetzt eine Aufgabe stellen, sei aber ehrlich zu dir selber. Beantworte für Dich folgende Fragen:

- Gibt es etwas, das Du in Deinem Leben verändern möchtest?
- Glaubst Du, dass Du es schaffen kannst?
- Gibt es Menschen, die Dich unterstützen würden?
- Gibt es Menschen, die Dir dabei Steine in den Weg legen würden?
- Hast Du Angst vor einer Veränderung?
- Welche Veränderung in Deinem Leben wäre für Dich am wichtigsten?
- Hast Du den Mut, aufzustehen und der Freiheit zu folgen?

Jetzt würde ich gerne Mäuschen spielen und wissen, was Du geantwortet hast. Sicherlich hast Du auf jede Frage eine Antwort gehabt. Diese Aufgabe war sicherlich auch nicht besonders schwer für Dich. Jetzt kommt der schwierigere Teil. Ich möchte, dass Du mit der Veränderung anfängst. Ich möchte, dass Du Dir Gedanken machst, wie Du diese Veränderung anpacken kannst. Sag jetzt bitte nicht, dass es schwierig sein wird und dass es dafür keinen Lösungsweg gibt. Das stimmt nicht, für jedes Problem gibt es eine Lösung, nur ist sie nicht immer greifbar. Ich möchte,

dass Du jetzt die folgende Tabelle ausfüllst. Was spricht
für diese Veränderung und was dagegen.

PRO / dafür	CONTRA / dagegen

Hast Du mehr bei „PRO" stehen, so ist die Entscheidung
bereits gefallen. Du musst und Du möchtest etwas verändern. Jetzt gilt es nur noch die „CONTRA" zu bekämpfen.
Das ist sicherlich der schwierigste Schritt, doch er ist nicht
unmöglich. Du wirst merken, wenn Du den ersten Schritt
gegangen bist, ist der zweite Schritt schon etwas einfacher.
Schritt für Schritt bringst Du Veränderungen in Dein Leben. Schritt für Schritt wirst Du zu dem Menschen, der Du
sein möchtest. Schritt für Schritt fühlst Du Dich freier.

Was macht Dich zu einem besonderen Menschen? Kannst
Du etwas besonders gut? Bist Du ein hilfsbereiter Mensch?
Kannst Du besonders gut backen/kochen? Vielleicht
denkst Du jetzt, dass da gar nichts ist, was Dich besonders
von anderen Menschen unterscheidet. Das ist aber nicht
so, manchmal nimmt man diese Besonderheit einfach
nicht wahr, weil man mit ihr bereits verwachsen ist und
diese Besonderheit einen bereits ein Leben lang begleitet.

Warum liebt Dich Dein Partner? Warum möchten Deine
Freunde überhaupt Deine Freunde sein? Warum hast Du
den Job bekommen, den Du gerade ausführst? Warum?
Warum? Warum? Die Antworten auf diese Fragen sind

recht einfach, denn diese Menschen haben das Besonde-re an dir erkannt und das ist der Grund, warum sie Dich so akzeptieren wie Du bist, weil Du ein ganz besonderer Mensch bist.

Warum hast Du Dich für Deinen Partner/Deine Partnerin oder den besten Freund/die beste Freundin entschieden? Sicherlich auch, weil Du glaubst, dass diese Person ein ganz besonderer Mensch ist, in Deinen Augen sicherlich ein Mensch mit Potential, ein Mensch, dem Du vertraust. Doch hier geht es nicht um die anderen Menschen, hier geht es nur um Dich. Hier geht es darum, was Du ver-ändern möchtest. Hier geht es darum, wie Du etwas in Deinem Leben verändern möchtest und wie Du anfängst etwas zu verändern. Eigentlich musst Du nur aufstehen und losgehen. Nur so kannst Du etwas verändern und der Mensch werden, der Du sein möchtest. Ein Mensch, der sich selber liebt und akzeptiert. Ein Mensch, der zwar Ängste hat, aber diese weiß zu bekämpfen. Ein Mensch, der jeden Tag lebt mit voller Hingabe und dabei fröhlich ist.

Es wird Tage in Deinem Leben geben, an denen Du nie-dergeschlagen bist, an denen Du dich fragst, welchen Sinn das alles eigentlich hat? Doch wie heißt es so schön, nach dunklen Wolken kommt auch wieder Sonnenschein. Glaube nicht, dass Du der einzige Mensch bist, der mit sei-nem Leben unzufrieden ist. Hier gibt es zahlreiche Men-schen, denen es so geht. Doch nicht jeder schafft es, etwas an seinem Leben zu verändern und das Leben zu leben, das er sich wünscht. Du wirst es schaffen, du wirst auf-

stehen und loslaufen, Du wirst hinfallen und wieder aufstehen und das passiert Dir immer wieder, doch am Ende
wirst Du auf Dein vergangenes Leben mit einem Lächeln
zurückblicken und Dir sagen: „Ich habe es geschafft." Die
Freiheit hat meinen Namen gerufen und ich bin ihr gefolgt.

Kapitel 27 - Der Sinn des Lebens ist, das Leben zu akzeptieren

Das Leben zu akzeptieren, so wie es ist, fällt oftmals schwer. Immer wieder werden einem Steine in den Weg gelegt und immer wieder muss man kämpfen, damit man ein Leben führen kann, so wie man es sich erträumt. Nicht alle Träume werden wahr, doch einige können es werden, wenn man sein Leben so akzeptiert wie es ist und ein bisschen nachhilft, es in die richtige Richtung zu lenken.

Gibt es den Sinn des Lebens noch? Oder möchten wir diese Frage gar nicht beantworten, sondern letztlich nur noch eines suchen: Unser Glück? Sicherlich ist dies absolut zutreffend, denn der Sinn des Lebens ist vereint mit unserem Glück. Wir möchten das Leben genießen, im besten Fall mit unserem Partner/unserer Partnerin, der Familie, aber auch mit Freunden. Wir möchten jeden Tag so gestalteten, wie er für uns am schönsten ist. Wir möchten am Ende unseres Lebens sagen können: „Ich habe mein Leben so gelebt, wie ich es mir immer gewünscht habe. Ich habe alles gemacht, was mir wichtig war und ich durfte in meinem Leben so viel erleben."

Jeder möchte sein Leben in vollen Zügen genießen, jeder versteht unter dem Sinn seines Lebens etwas ganz anderes. Was ist für Dich der Sinn des Lebens? Siehst Du in dem Sinn des Lebens jeden Tag aufzustehen und einen erfüllten Job zu haben? Ist für Dich der Sinn des Lebens Teil einer glücklichen Familie zu sein oder bedeutet es für Dich, den Sinn Deines Lebens zu erkennen, indem die

Freiheit Deinen Namen ruft? Jeder Mensch hat andere Bedürfnisse und jeder Mensch erhofft sich von seinem Leben unterschiedliche Erfolge und Ziele und jeder nimmt sein Leben unterschiedlich wahr.

Es ist nicht immer einfach, seine Wünsche und Hoffnungen in Worte zu fassen und sein Leben so zu leben, dass es Sinn macht, doch jeder Mensch kann es schaffen. Ein mit Sinn erfülltes Leben ist das Fundament unserer Lebensfreude. Du kennst sicherlich auch Menschen, die den ganzen Tag so in den Tag hineinleben, Menschen, die irgendwann am Morgen aufstehen, vielleicht auch erst mittags und eigentlich den ganzen Tag keine Aufgabe haben. Diese Menschen leben so in den Tag hinein. Es kann sein, dass diese Menschen eventuell krankheitsbedingt nicht am Leben teilnehmen können, dass diese Menschen eventuell arbeitslos sind oder was auch immer. Solche Menschen haben oftmals den Sinn am Leben verloren, gerade wenn dies über einen längeren Zeitraum der Fall ist. Und nicht immer trägt man Schuld an einer solchen Situation, doch sich aufraffen und etwas ändern, das schaffen nur die wenigsten. Sie verlieren irgendwann den Lebenssinn. Damit das Leben einen Sinn hat, brauchen Menschen eine Aufgabe, sie müssen wissen, dass sie gebraucht werden.

Wie ist Deine jetzige Situation, siehst Du einen Sinn in Deinem Leben? Gehörst Du zu den Menschen, die einfach in den Tag hineinleben oder vielleicht auch zu den Menschen, für die jeder Tag mehr Stunden braucht, weil man einfach viel zu viel zu erledigen hat? Egal welche Art von Mensch Du bist, Du musst die Mitte finden, Du musst einen Ausgleich finden und solltest der Freiheit, die Deinen Namen ruft, folgen. Ich weiß, dass es nicht immer einfach ist.

Ein Beispiel:

Du bist bereits seit Monaten, vielleicht auch seit Jahren arbeitslos und eigentlich ist jeder Tag wie der andere. Du hast Dich an diese Situation gewöhnt und schaffst es gar nicht mehr Dich aufzuraffen. Warum solltest Du an einer solchen Situation etwas ändern? Es ist doch alles ok, so wie es ist, oder?

Hast Du nicht auch zwischendurch das Gefühl, dass es schön wäre, wenn man Dich bräuchte? Wenn man Wert auf Deinen Rat läge oder wenn Du am Abend müde aber glücklich nach Hause kommst?

Doch wer seine Situation bereits akzeptiert hat, der wird es nicht schaffen so ohne weiteres aufzustehen, ohne weiteres sein Leben zu ändern, ohne weiteres einen neuen Weg einzuschlagen.

Oftmals schleichen sich bei Menschen, die lange nicht mehr selbstständig waren, lange nicht mehr gearbeitet haben, lange keine Aufgabe mehr hatten Ängste ein. Hier sind sie wieder die Ängste. Es würde eine neue Situation auf einen zukommen, man würde neuen, anderen Menschen begegnen, man müsste sich einer neuen Herausforderung stellen. Viele Menschen haben genau vor einer solchen Situation Angst. Sie suchen verzweifelt nach Ausreden, damit ihr Gegenüber nicht mitbekommt, dass

Ängste vorhanden sind. Doch Ängste sind menschlich.

Welche Ausreden hast Du, wenn eine neue Herausforderung auf Dich zukommt?

- Ich fühle mich heute gar nicht gut, ich glaube, dass ich krank werde.
- Ich möchte gar keine Veränderung, mein Leben ist doch gut, so wie es gerade ist.
- Das ist nichts für mich.
- Ich habe ganz vergessen, dass ich da gar keine Zeit habe.
- Ich kann da gar nicht, weil.......
- Ich musste einem Freund/einer Freundin helfen, die ....
- Das habe ich ganz vergessen..........

Ich könnte mit dieser Liste noch ewig weitermachen, denn ich kenne diese Ausreden auch. Hier musst Du Deine Ängste überwinden, Du musst aufstehen und Dir die Frage stellen, welchen Sinn macht es, wenn Du Dich der neuen Herausforderung stellst? Wie kann diese Herausforderung Deine jetzige Situation positiv verändern?
Was wäre, wenn...............

Kapitel 28 - Treffe Entscheidungen

Entscheidungen umfassen in der Regel mindestens zwei Alternativen, manchmal auch mehr. Hier muss man sich entweder für oder gegen etwas entscheiden. Viele Menschen haben Angst vor Entscheidungen, weil sich ihnen eine neue Situation auftut. Sie schieben deshalb Entscheidungen immer mal gerne auf oder sie treffen erst gar keine Entscheidungen. Hier wird oftmals vergessen, dass auch die Entscheidung, keine Entscheidung zu treffen, eine Entscheidung ist und die kann sogar Konsequenzen haben.

Wir treffen alleine an einem einzigen Tage tausende von Entscheidungen. Das glaubst Du nicht? Doch dies ist absolut zutreffend. Uns ist oft gar nicht bewusst, dass wir eine Entscheidung treffen, da wir bestimmte Entscheidungen täglich gewohnheitsmäßig immer wieder treffen. Das fängt schon morgens beim Aufstehen an. Ich beispielsweise stelle mir jeden Morgen die Frage, stehe ich sofort auf oder bleibe ich noch fünf Minuten liegen. Das ist meine erste Entscheidung am Morgen. Doch es geht kurz danach weiter mit der Frage, trinke ich eine Tasse Kaffee oder entscheide ich mich doch eher für eine Tasse Tee? Über den Tag verteilt muss ich viele dieser Entscheidungen treffen, erst die Bettruhe befreit mich davon.
Du könntest jetzt denken, dass das doch gar keine richtigen Entscheidungen sind, die das Leben verändern würden. Sicherlich gibt es auch Entscheidungen, die uns prägen, Entscheidungen, die wir treffen müssen und einen großen Einschnitt in unser Leben bedeuten. Solche Entscheidungen nehmen wir natürlich viel stärker wahr.

Viele unserer Entscheidungen treffen wir spontan und denken über sie gar nicht wirklich nach. Das sind Entscheidungen, die wir eher aus dem Bauch heraus treffen. Doch es gibt auch Entscheidungen, die wir mit dem Kopf treffen. Welche Entscheidungen sind denn nun besser, die mit dem Kopf getroffen werden oder solche, die wir aus dem Bauch heraus treffen? Oftmals sind Bauchentscheidungen wesentlich besser als die, die man mit dem Verstand trifft. Bauchentscheidungen werden schnell getroffen, man denkt über eine solche Entscheidung nicht lange nach und hat somit auch keine Zeit über die Folgen nachzudenken, es können sich keine Ängste aufbauen. Wer eher der Kopfmensch ist und Entscheidungen mit dem Kopf trifft, der denkt über seine Entscheidung vorab nach, manchmal sogar über Wochen. Man hat Zeit Ängste aufzubauen, man hat Zeit darüber nachzudenken, was wäre wenn…….? In einem solchen Fall trifft man oftmals die falsche Entscheidung, nur weil man Ängste hat. Du solltest manchmal besser mit dem Bauch entscheiden. Schnelle Entscheidungen schenken Dir keine schlaflosen Nächte. Es heißt nicht, dass eine solche Entscheidung immer die richtige ist, aber auch wenn Du mit dem Kopf entscheidest und alle Wenn und Aber bedacht hast, heißt es nicht, dass am Ende genau diese Entscheidung die richtige gewesen ist.

Es heißt oft, dass Gefühle den Verstand vernebeln können. Gefühle sind jedoch gut und jeder Mensch sollte sie haben. Hier ist wichtig, dass Du entschlossen bist. Wer entschlossen ist, der kann Entscheidungen treffen, der kann Ängste bekämpfen und der kann seinem Leben einen Sinn geben. Mach immer genau das, was Du möchtest, das solltest Du

Dir im Leben immer vor Augen halten. Die Freiheit ruft Deinen Namen, also gehe endlich den Weg, den Du gehen möchtest und treffe eine Entscheidung, die Dich glücklich macht.

Verlustängste sind die Psychologie der Entscheidungen. In diesem kleinen Satz steckt so viel Wahrheit. Denn gerade die Verlustängste sind Gefühle, die uns häufig davon abhalten eine Entscheidung zu treffen. Ich würde sogar so weit gehen und sagen, dass 90% unserer Entscheidungen nicht getroffen werden, weil wir Verlustängste haben. Diese können sehr unterschiedlich sein. Man hat Angst einen geliebten Menschen zu verletzten, weil man eine Entscheidung trifft und befürchtet, sein Vertrauen zu enttäuschen. Wir haben Verlustängste an der Arbeitsstelle oder Verlustängste, Gewohnheiten ablegen zu müssen und und und. Verlustängste sind bei jeder Entscheidung ein Teil von dieser.

Dummerweise oder leider achten wir Menschen häufig mehr auf den mit der Entscheidung verbundenen Verlust. Wir trauern diesem ganz instinktiv nach. Da bleibt uns nicht mehr viel Zeit uns über unsere Wahl zu freuen. Und das führt dazu, dass wir aus Angst vor Verlusten manchmal gar nicht die Entscheidungen treffen, die wir vom Herzen her eigentlich gerne treffen möchten. Egal wie wir uns in einem solchen Fall entscheiden, wir sind mit unserer Entscheidung nicht zufrieden. Entweder haben wir zu unserer Zufriedenheit entschieden und verletzen damit einen anderen Menschen, was uns unter Umständen wieder unglücklich macht, oder wir entscheiden uns zu Gunsten eines anderen Menschen, doch wir sind unglücklich, weil es für uns nicht die richtige Entscheidung gewesen ist. Das kennst Du sicherlich auch und Du hast auch schon Entscheidungen getroffen, mit denen Du im Nachhinein nicht wirklich umgehen konntest, die Dich nicht wirklich glücklich gemacht haben, oder? So ist das Leben, hier muss man entweder sich ein dickes Fell zulegen oder man muss immer klein beigeben und sich unwohl fühlen.

Bislang bin ich immer gut damit gefahren, wenn ich eine Entscheidung treffen musste, von der ich genau wusste, dass ich einen anderen Menschen verletzen könnte mit meiner Entscheidung. Ich unterhalte mich mit diesem Menschen, erkläre ihm meine Beweggründe und sage, dass es nichts mit ihm zu tun hat, sondern dass die Freiheit meinen Namen ruft und ich einfach so handeln musste. Die Familie oder wirkliche Freunde, die werden das verstehen, die werden einen bei jeder Entscheidung unterstützen, was nicht zwangsläufig bedeuten muss, dass sie diese gut finden. Auch Deine Freunde, Deine Familie oder wer auch immer haben eine eigene Meinung, die sie Dir auch mitteilen dürfen und Du musst diese ebenso akzeptieren, wie sie Deine Meinung/Entscheidung akzeptieren.

Dinge, die Du sicherlich noch nicht über Entscheidungen wusstest:

- Rationale Entscheidungen werden oftmals im Dunkeln getroffen
- Mit einer vollen Blase können wir bessere Entscheidungen treffen

- Stress bedeutet riskantere Entscheidungen zu fällen
- Häufig entscheiden wir uns für die erste Option, die wir haben
- Zahlreiche Menschen entscheiden sich eher für Bekanntes als für Unbekanntes
- Wer unentschlossen ist, der benötigt immer eine Alternative
- Wer gut gelaunt ist, der entscheidet sich oftmals großzügiger
- Menschen mit schlechter Laune sehen die Dinge klarer
- Wer verärgert ist, der entscheidet rationaler
- Wer einfacher eine Entscheidung treffen möchte, der muss aufstehen
- Fitte Menschen wählen ihre Entscheidung wesentlich klüger

Entscheidungen gehören einfach zum Alltag. Man muss sich jeden Tag aufs Neue entscheiden. Es ist sogar wichtig Entscheidungen zu treffen. Denke einmal an das Meer, den Strand, an ein schönes Hotel, wo Du Dich richtig verwöhnen lassen kannst. Sind diese Vorstellungen nicht traumhaft. Als nächsten Schritt musst Du Entscheidungen treffen und nicht nur eine, sondern gleich ganz viele.

1. Wohin fliege ich dieses Jahr in Urlaub?

2. Mit wem fliege ich in den Urlaub?

3. Welches Hotel möchte ich buchen?

4. Eine Pauschalreise oder All inclusive Urlaub?

5. Von welchem Flughafen möchte ich fliegen?

6. Wie lange möchte ich verreisen?

7. Was darf mich der Urlaub kosten?

8. Buche ich die Reise online oder gehe ich in ein Reisebüro?

9. Was möchte ich mir am Urlaubsort anschauen?

10. Wie viel Taschengeld muss ich mitnehmen?

Mir würden noch einige Fragen mehr einfallen und Entscheidungen, die ich zu treffen hätte und das in kürzester Zeit. Hierbei handelt es sich jedoch eher um sogenannte „schöne" Entscheidungen, diese machen einem Spaß, lassen einen sich auf den Urlaub freuen. Hier denkt man auch gerne stundenlang nach, damit der Urlaub einfach perfekt wird.

Doch nun musst Du eine Entscheidung treffen, die Dir unangenehm ist, Du musst beispielsweise Deinem Chef, Deinen Kollegen und eventuell auch Deiner Familie und Deinen Freunden mitteilen, dass Du ein Jobangebot bekommen hast, dass es sich hierbei um ein Angebot handelt, das für Dich einfach traumhaft ist. Du wirst richtig viel Geld verdienen, Du machst genau die Arbeit, die Du Dir schon immer gewünscht hast. Du weißt aber auch, dass Dein jetziger Chef Dich braucht. Ihr seid befreundet und der neue Job würde auch für Dich und Deine Familie ein Neustart, eventuell in einer ganz anderen Stadt bedeuten. Vielleicht müsstet ihr sogar ins Ausland gehen. Auf der einen Seite steht die Entscheidung, dass Du den neuen Job annimmst und das Unbekannte kennenlernst und Deinen Weg gehst. Die Freiheit ruft Deinen Namen. Auf der anderen Seite müsstest Du Deinen Chef und Deine Kollegen im Stich lassen. Deine Familie müsste mit Dir gehen und zwangsläufig das gewohnte Umfeld verlassen, vielleicht müssten Deine Kinder eine neue Schule besuchen und ihre Freunde zurücklassen. Du würdest Deine Freunde nur noch selten oder vielleicht gar nicht mehr sehen. Wie entscheidest Du Dich? Nimmst Du den neuen Job an und erfüllst Dir damit einen langersehnten Traum oder entscheidest Du Dich lieber für das Bekannte, für das, was Du bislang gemacht hast und verzichtest auf Deinen Wunschtraum?

Gerade eine solche Entscheidung zu treffen ist oftmals besonders schwer, weil einfach sehr viel dran hängt. Stehst Du gerade auch vor einer größeren Entscheidung, die Dich schon etwas länger beschäftigt, die Dir vielleicht auch Angst macht und Dich verunsichert? Ich persönlich habe eine ganz einfache Methode, die mir schon oft geholfen hat. Schreibe in die folgende Tabelle alles was für eine Veränderung spricht und alles was eher dagegenspricht. Ich

könnte jetzt sagen, dass alles, was auf der Seite der Mehr-
heit steht die Entscheidung ist, die Du zu treffen hast. So
ist es eigentlich auch gedacht, doch häufig entscheide ich
mich dann genau für das Gegenteil. Wozu die Tabelle,
könntest Du dich dann fragen. Die bringt doch gar nichts,
könntest Du jetzt denken. Doch! Ich habe mich am Ende
für eine Sache entschieden, mir war klar was ich eigentlich
möchte und hinter welcher Entscheidung ich stehe.

Versuche es einmal, nehme Dir Zeit und schreibe alles auf,
auch wenn es für Dich keinen Sinn ergibt. Es ist unglaub-
lich wie eine solche Tabelle Dir bei der Entscheidungsfin-
dung helfen kann.

PRO / dafür	CONTRA / dagegen

Kapitel 29 - Du bist einzigartig, zeige es anderen Menschen

Wann hast Du eigentlich aufgehört an Dich zu glauben? Welche Situation im Leben hat Dich so geprägt, dass Du nicht mehr an Dich glaubst und wieso hast Du es zugelassen, dass Du den Sinn Deines Lebens nicht mehr kennst? Du meinst, Du glaubst an Dich! Du sagst, es gibt keine Situation, die Dich geprägt hat und Du gibst Deinem Leben einen Sinn! Prima, auf geht`s, dann mach etwas aus Deinem Leben. Stehe auf und ändere Dein Leben. Jeder Mensch, und ich meine wirklich jeden einzelnen Menschen, ist etwas ganz Besonderes. Jeder hat Gefühle, jeder ist liebenswert und jeder Mensch muss Schicksalsschläge hinnehmen. Es gibt nur einen großen Unterschied, jeder geht mit Rückschlägen anders um. Der eine belächelt diese, steht auf und fängt von vorne an, der andere zieht sich zurück, trauert und schmeißt eventuell alles hin. Was glaubst Du was besser ist?

Du musst erst einmal herausfinden, was Dich einzigartig macht. Bist Du dir unsicher oder fällt Dir gerade nichts ein, dann frage Freunde, Deine Familie, Kollegen oder einfach Menschen, die Dir gerade in den Sinn kommen. Vielleicht machst Du Dir eine Liste. Auf die eine Seite schreibst Du den Namen der Person, die Du fragen möchtest, was Dich für sie einzigartig macht und auf die andere Seite schreibst Du den Grund. Vielleicht legst Du auch noch eine Spalte an, was diese Menschen nicht so an Dir lieben. Somit kannst Du hinterher an Dir arbeiten. Du kannst die positiven Dinge in den Vordergrund stellen und die negativen Dinge Dir zu Herzen nehmen und vielleicht an ihnen arbeiten. Doch denke daran, es gibt auch negative Eigenschaften, die jeden Menschen einzigartig machen, denn sie prägen diesen Menschen. In den Augen anderer wird dies als eine negative Eigenschaft gesehen, aber du liebst vielleicht genau diese Eigenschaft an Dir, dann solltest Du sie beibehalten. Denn merke, verändere Dich niemals für andere Menschen, wenn Du es nicht möchtest.

Name	Positive Eigenschaften	Negative Eigenschaften	Möchte ich an mir verändern

Vielleicht benötigst Du noch mehr Platz, dann nehme einfach ein weiteres Blatt zur Hand und schreibe alles auf. Du wirst Dich wundern, was andere Menschen von Dir halten und auch wie Du mit der Situation umgehst. Die Freiheit ruft Deinen Namen, folge ihr, denn Du bist einzigartig. Lebe die Einzigartigkeit, genieße jeden einzelnen Tag.

Ich möchte Dir noch eine kleine Geschichte erzählen von einer Person, die ich einmal kannte und die mich sehr beeindruckt hat. Nennen wir diese Person doch einfach Frederik. Frederik war ein junger Mann, der viele Wünsche und Träume hatte, doch er war einfach zu schüchtern, um irgendwelche dieser Träume umzusetzen, also hat er alles beim Alten belassen, denn in dieser Umgebung fühlte er sich wohl. Hier kannte ihn jeder und hier musste er nur die Dinge umsetzen, die man von ihm erwartet hatte. Eine Zeit lang lebte es sich so auch ganz gut und Frederik war mit seinem Leben rundum zufrieden. Auch die Träume, die er einst hatte, verblassten immer mehr. Doch irgendwann erinnerte er sich sie, viele Jahre später. Er hatte einen Beruf, eine Familie und Frederik fuhr mindestens einmal im Jahr in Urlaub, auch einen großen Freundeskreis hatte er.

Es kam jedoch der Zeitpunkt, wo er sich wieder erinnerte. Er saß alleine auf seiner Terrasse vor seinem eigenen Haus und erinnerte sich ganz spontan und eigentlich eher durch einen Zufall, denn ein Vogel flog ganz dicht an ihm vorbei, setzte sich kurz auf seine Schulter und flog sofort weiter. Für Frederik sah es aus als hätte dieser Vogel ihn angelächelt, als wollte dieser sagen, wir haben uns doch schon einmal gesehen? Hattest du nicht auch Wünsche und Träume? Was ist aus denen geworden?

Er stand auf und beschloss sein Leben genauso zu leben wie er es sich als junger Mann immer gewünscht hatte, denn er hatte nur ein Leben und dieses wollte er genießen. Du möchtest bestimmt wissen, was sein Traum gewesen war? Als junger Mann hat Frederik immer davon geträumt, dass er die Welt bereisen möchte. Nicht nur Spanien, Griechenland und die Türkei, nein jeden einzelnen Ort von jedem einzelnen Land das ihm gefiel. Diese Reise sollte auch nicht wie man es erwarten würde mit dem Flugzeug unternommen werden, nein zu Fuß, vielleicht mit dem Bus, dem Schiff oder vielleicht auch da und dort einmal mit dem Auto. Er wollte solange unterwegs sein wie es ihm gefiel, auch wenn es bedeuten würde, dass er einige Jahre unterwegs wäre.

Frederik sprach am Abend mit seiner Frau und teilte ihr seinen gefassten Entschluss mit. Überraschenderweise war seine Frau von seinem Traum begeistert und wollte diesen mit ihm teilen. Sie verkauften die folgenden Monate alles, was sie besaßen, kündigten ihre Jobs und eines Tages ging es los. Sie gingen auf Weltreise, ohne zu wissen, wo diese enden würde und wann sie wieder zuhause wären. Sie wussten nur, Monate voller neuer Eindrücke und Monate voller Ungewissheit lagen vor ihnen, doch sie wollten sich ihren Traum erfüllen.

Was hast Du für Träume? Würdest Du für Deinen Traum auch ein solches Risiko eingehen? Würdest auch Du es wagen einen Schritt zu gehen, ohne zu wissen, wie das Ergebnis am Ende aussieht. Du bist ein ganz besonderer Mensch, ein Mensch, der viele Träume und Wünsche hat. Du bist ein besonderer Mensch und daher ist es wichtig, dass Du Dein Leben stets so lebst wie Du es möchtest. Ich meine nicht, dass Du alles, was Du besitzt, gleich wie Frederik verkaufen sollst. Dieser Schritt war schon sehr mutig. Du sollst alles für Deinen Traum unternehmen, dass dieser wahr wird.

Im Leben ist es wichtig anderen Menschen zu zeigen, dass man einzigartig ist und dass man sich akzeptiert wie man ist, nur dann wird man auch von anderen Menschen akzeptiert. Es ist wichtig, stets sein Leben so zu gestalten, wie man es von sich selber erwartet und niemals so, wie es andere Menschen von einem erwarten. Manche Träume benötigen etwas Zeit, andere Träume lassen sich direkt verwirklichen. Die Zeit um seine Träume zu erfüllen ist dabei oftmals unerheblich, wichtig ist nur, dass man seine Träume niemals aus den Augen verliert.

Kapitel 30 - Fünf Minuten, die Dein Leben verändern

Kennst Du diese Aussage auch: „Fünf Minuten, die Dein Leben verändern." Sehr oft verbindet man diese Aussage mit einer negativen Erfahrung oder man bezieht diesen Satz auf einen schweren Unfall, der ganz unerwartet passiert ist oder auf eine schwere Krankheit, die man erlitten hat. Doch dieser Satz ist auch zutreffend, wenn man beispielsweise ein Kind gebärt oder wenn man mutig eine Sache erledigt, die einem schon lange auf der Seele brennt. Hast Du auch schon einmal fünf Minuten in Deinem Leben gehabt, die Dein Leben komplett verändert haben. Das können positive aber auch negative Dinge gewesen sein. Schreibe doch einmal die Dinge auf, die eine Veränderung in Deinem Leben von jetzt auf gleich hervorgebracht haben.

Positive Ereignisse, die Dein Leben verändert haben
1.
2.
3.
4.
5.

Negative Ereignisse, die Dein Leben verändert haben
1.
2.
3.
4.
5.

Wo stehen nun mehr Ereignisse, in der negativen oder in der positiven Liste? Es ist egal wo mehr steht, denn jedes dieser Ereignisse hat dich als Menschen geprägt. Entweder bist Du stärker und selbstbewusster geworden oder Du bist ein lustiger, munterer Mensch.

Es werden immer diese fünf Minuten in Deinem Leben geben, die Dein Leben verändern, sei es positiv oder negativ. Wichtig ist einfach, dass Du lernst, mit diesen fünf Minuten umzugehen, dass Du lernst, dass Dein Leben nicht nur positive Ereignisse für Dich bereit hält, sondern dass es auch immer wieder zu negativen Ereignissen kommen wird.

Merke stets, je stärker dein Bewusstsein ist, desto leichter erkennst Du negative Gedanken anderer Menschen oder negative Dinge, die Dir gerade wiederfahren und Du kannst sie leichter loswerden. Mit ein bisschen Übung, und die brauchst Du, wirst du jeden Tag selbstsicherer und lernst schnell Deine Gedanken zu beeinflussen. Nur so kannst Du Dein Leben nach Deinen eigenen Wünschen gestalten. Es ist wichtig, dass Du Dein Leben immer so gestaltest wie es Dir am besten erscheint.

Bist Du ein Mensch, der immer erst negativ denkt, auch wenn das Ereignis eigentlich ein positives ist? Sind bei Dir die fünf Minuten, die Dein Leben verändern, eher negativ oder glaubst Du auch an das Gute? Du kannst es schaffen innerhalb von nur einer Minute, von nur 60 Sekunden alle negativen Gedanken loszuwerden. Glaubst Du nicht, dass das funktionieren kann? Dann lasse Dich eines Besseren belehren.

Es gibt sehr viele Menschen, die jeden Tag mit ihren negativen Gedanken kämpfen. Sagt man diesen Menschen, dass sie doch einmal positiv denken sollen, so wissen diese oftmals gar nicht mehr, wie sie aus ihren negativen Gedanken herauskommen sollen. Eigentlich, und diese Meinung vertrete ich zu 100%, können wir Menschen wirklich glücklich sein. Warum sollten wir glücklich sein, fragst Du Dich jetzt sicher. Ganz einfach, wir haben die Möglichkeit durch unser Gehirn alle Dinge selbst zu steuern. Wir können unser Leben so leben wie wir es uns wünschen. Negative Gedanken, die Dein Leben in nur fünf Minuten verändern sind folgende:

1. Immer habe ich Pech

2. Niemand mag mich

3. Immer werde ich übersehen

4. Mir möchte einfach gar nichts gelingen

5. Ich bin unattraktiv

6. Das Leben ist so schwer

7. Niemand möchte meine Meinung hören

8. Ich darf nie zeigen, was ich gerade fühle

9. Ich darf keine Fehler machen, sonst bekomme ich Ärger

Denkst Du auch so? Dann möchte ich, dass Du diese negativen Gedanken in positive Gedanken umwandelst. Wie soll das gehen?

1. Ich kann alles schaffen, wenn ich es möchte

2. Niemand kennt mich so gut wie ich

3. Ich sollte lauter sprechen, damit man mich hört

4. Das muss ich nochmal versuchen

5. Ich muss wieder einmal shoppen gehen

6. Das Leben ist gerade schwierig, aber es wird auch wieder besser

7. Diese Person möchte meine Meinung nicht hören, dann teile ich sie jemand anderem mit

8. Gerade sind meine Gefühle nicht angebracht, dann muss ich später darüber sprechen

9. Fehler sind menschlich. Ich bin auch nur ein Mensch

Wer negative Gedanken hat und das wesentlich öfter als Positive, der hat zu früheren Zeiten in den meisten Fällen schlechte Erfahrungen gemacht. Solche Menschen können nichts dafür, dass sie negativ denken, sondern sie müssen erst einmal das frühere Ereignis verarbeiten. Bei manchen Menschen dauert es länger, bei anderen geht es sehr schnell. Negative Gedanken ziehen sich durch Dein gesamtes Leben, sie bestimmen Deinen Gemütszustand, Dein Handeln und dadurch auch Dein Leben.

Das Beste, das Du für Dich tun kannst ist, dass Du dich verabschiedest von Deinen negativen Gedanken, nimm solche Gedanken nicht länger allzu ernst und denke bewusst positiver. Fange jetzt damit an! Ich verspreche Dir, Du wirst Dich wundern, wie schnell Dein Leben sich positiv ändern wird. Natürlich kannst Du nicht direkt erwarten, dass es mit dem positiven Denken funktioniert. Auf Anhieb ist dies selten der Fall, aber mit der Zeit wird es Dir gelingen.

Jede Form von Negativität (Ängste, Sorgen, Zweifel, Hass,

usw.) haben ein und denselben Ursprung, nämlich negative Gedanken!
Durch positives Denken befreist Du Dich im Handumdrehen von all diesen negativen Gedanken.

Egal ob es sich dabei um einen Schicksalsschlag, einen Krankheitsfall, das Ende einer Beziehung, finanzielle Sorgen, ein schwaches Selbstvertrauen oder was auch immer handelt – mit positivem Denken kannst Du alle Situationen spielend meistern. Auch wenn Du daran vielleicht jetzt noch nicht glauben kannst.

Was mache ich denn falsch, warum haben nur fünf Minuten mein Leben so verändert? Ich möchte, dass es wieder so wird wie es einmal war, denn da war ich glücklich. Die meisten Menschen hängen ewig ihren negativen Gedanken nach anstatt diese hinter sich zu lassen. Man muss negative Gedanken bewusst verändern, nur so kann es klappen, dass man wieder positiv denkt. Du solltest jedoch nicht zwanghaft positiv denken, sondern in langsamen Schritten.

Ich möchte gerne, dass Du dir Gedanken machst. Ab wann fingen Deine negativen Gedanken an? Was war es, das Dich hat anfangen lassen negativ zu denken? Schreibe das Ereignis, die Situation auf. Schreibe auf, was genau der Moment war, der aus Deiner Sicht schuld daran ist, dass Du oftmals eher negativ als positiv denkst.

Ich finde es immer besonders befreiend, wenn ich meine negativen Gedanken aufschreibe und dann positiv umformuliere, denn tatsächlich ist das befreiend. Danach fühle ich mich wie ein neuer Mensch. Ich habe immer das Gefühl, dass genau dann die Freiheit meinen Namen ruft. Versuche es auch und wenn es nicht beim ersten Mal klappt, dann schreibe Deine Gedanken nochmals auf. Was meinst Du, warum viele Menschen ein Tagebuch führen? Findest Du das eher belustigend? Nein, ein Tagebuch ist eine Art Mensch, dem man seine innersten Gedanken anvertrauen kann. Egal was es ist, ein Tagebuch lacht einen niemals aus, ein Tagebuch ist ein stummer Zuhörer, der jederzeit bereit ist Dir zuzuhören.

Vielleicht besorgst Du Dir ein solches Tagebuch und schreibst jeden Tag fünf Minuten in dieses, auch so ist es möglich, dass fünf Minuten Dein Leben verändern können. Natürlich kannst Du auch immer nur etwas in Dein Tagebuch schreiben, wenn Dir danach ist. Doch eines ist hier besonders wichtig, Du solltest Dir etwas Zeit nehmen und Ruhe haben, wenn Du in Dein Tagebuch schreibst, denn nur so ist es möglich, dass Du alle Deine Erlebnisse, egal ob negativ oder positiv, richtig verarbeiten kannst.

Kapitel 31 - Sei der Mensch, der Du sein möchtest

Wenn Du Dir aussuchen könntest was für ein Mensch Du sein möchtest, wer wärst Du gerne? Wie wärst Du gerne? Wärst Du gerne eine bestimmte Persönlichkeit wie ein bestimmter Schauspieler oder Sportler, wärst Du gerne ein Held oder eine Heldin, wärst Du gerne ein bestimmtes Tier oder wärst Du gerne Du selber? Also ich muss ganz ehrlich sein, manchmal wäre ich schon gerne eine andere Person, dann träume ich davon, dass ich ein Held wäre, ein Held, der wie Bruce Willis in dem Film „Stirb Langsam" Menschen rettet, aber dies entspricht natürlich nicht der Realität.

Dieter Lange spricht von Celebrity Twins. Ich persönlich habe mir Thomas Gottschalk als Vorbild ausgesucht, wobei zu erwähnen ist, dass es, wie es sicher einige Freunde von mir so ansprechen würden, nichts mit meiner oder seiner Nase zu tun hat.

Damit Du der Mensch bist, der Du gerne sein möchtest, musst Du einfach so sein wie Du bist, Du darfst Dich nicht verstellen und Du musst Dein Leben so leben wie Du es Dir vorstellst. Mache jeden Tag Dinge, die Dich glücklich machen. Sage Deinen Mitmenschen, was Du von ihnen erwartest und was Du bereit bist zu geben. Trenne Dich von unnötigem Ballast, von Menschen, die Dich runter ziehen, Menschen die Dir nicht gut tun. Natürlich ist dies nicht immer einfach, das muss es auch nicht sein, aber wichtig ist, dass Du am Ende der Mensch bist, der Du sein möchtest. Du wirst merken wie befreiend es ist, wenn man sich nicht mehr verstellen muss, wenn man einfach so sein kann wie man möchte. Du wirst schnell merken, dass die Freiheit in einem solchen Fall Deinen Namen ruft oder gerufen hat und Du bist ihr gefolgt. Du bist den Weg gegangen, den Du schon immer gehen wolltest. Wahrscheinlich wirst Du Dich irgendwann fragen, warum Du nicht schon viel früher diesen Weg gegangen bist. Du hast so viele Jahre verschenkt, Du hast so viele Jahre Dich mit Dingen beschäftigt, die Dich nicht glücklich gemacht haben, aber jetzt, jetzt endlich bist Du frei und kannst diese Freiheit in vollen Zügen jeden Tag genießen. Du kannst jeden Tag dafür sorgen, dass Du etwas Besonderes bist, dass auch jeder Tag etwas ganz Besonderes ist. Du wirst sehen, wie schön es ist, wenn man leben kann so wie man sich sein Leben vorstellt. Ich möchte, dass Du im dich nun zwei Dinge fragst und diese in die folgende Tabelle einträgst. Schreibe auf, wer Du sein möchtest und schreibe auf, was Du glaubst, wer Du wirklich bist, was für eine Person Du bist und was Dich als Menschen ausmacht.

Wer möchte ich sein?

Wer bin ich?

Kapitel 32 - Du kannst frei sein wie ein Vogel, lasse es zu

Im vorherigen Kapitel hast Du gelernt, dass man negative Gedanken in positive abändern kann, dass man sich dann wesentlich besser fühlt und zudem frei ist von allen Gedanken, die einen runter ziehen. Du kannst frei sein wie ein Vogel, doch es gehört ein bisschen mehr dazu als einfach nur Mut zu beweisen und Ängste zuzulassen oder negative Gedanken in positive Gedanken abzuändern. Du musst lernen, dass Gelassenheit ein wichtiger Teil Deines Lebens werden sollte. Wer den Dingen gelassen entgegen sieht, der ist frei wie ein Vogel. Doch wie soll man eben gelassen werden, wenn man gestresst und angespannt ist, wenn einem das Leben schwer gemacht wird und wenn man sich einfach unverstanden fühlt? Da hast Du wohl Recht, das ist keinesfalls einfach und man muss es lernen. Gelassenheit ist jedoch ein wichtiger Bestandteil, wenn die Freiheit Deinen Namen ruft. Gelassenheit solltest Du täglich an den Tag legen. Es ist unfassbar, wie gut man sich fühlt, wenn man die Dinge langsam angeht, wenn man nicht vor jeder Entscheidung Tage, Wochen oder Monate nachdenkt. Bleib gelassen und ruhig, sehe den Dingen positiv entgegen und gebe Dir zudem die Zeit, die Du brauchst, lasse Dich niemals von anderen Menschen unter Druck setzen. Sei einfach Du selbst.

Möchtest Du lernen, wie Du gelassener werden kannst? Natürlich möchtest Du das, ansonsten würdest Du jetzt gar nicht weiterlesen. Du magst den dauernden Stress nicht und die Nervosität, die dieser mit sich bringt. „Bleib doch einmal locker." Diesen Satz hast Du bestimmt auch schon oft gehört, von Freunden, der Familie oder sogar Deinem Partner. Man hält diesen Spruch eher als eine beiläufige Aussage, doch es steckt sehr viel Wahrheit in diesem Satz. Du möchtest auch Deine Ängste und den Stress einfach über Bord werfen? Ich habe selbst lange gebraucht, um den Stress und die Angst zuzulassen, die ich verantworten kann. Ich weiß genau wie ich reagieren muss, wenn es mir zu viel wird. Ich weiß mittlerweile welche Techniken ich anwenden muss, um gelassen zu werden und das auch dauerhaft.

Denke jetzt nicht, dass es einfach gewesen ist, im Gegenteil, ich musste ganz schön an mir arbeiten. Doch nach und nach habe ich gemerkt, dass ich gelassener werde, habe mich freier gefühlt und mein Leben hat eine ganz andere Bedeutung bekommen. Jetzt kann ich tatsächlich von mir behaupten, dass die Freiheit meinen Namen gerufen hat.

Das Leben stellt uns oftmals vor große Herausforderungen und legt uns Steine in den Weg, das ist jetzt so und das wird immer so sein. Doch lass Dich niemals unterkriegen. Das Leben ist einfach so und man muss immer wieder aufstehen und kämpfen, einmal mehr und einmal weniger. Der Kampf ist jedoch wesentlich einfacher, wenn man diesem gelassen entgegensieht. Wir leben in einer Welt, in der man einfach nicht versagen darf, in einer Welt, die stressig ist und in einer Welt, die Schwäche nicht zulässt. Wie kann man da noch gelassen bleiben, fragst Du Dich jetzt bestimmt. Wenn bei Dir Stress zur Normalität geworden ist, dann kannst Du Dir sicherlich nicht vorstellen, dass Du in wenigen Schritten genau diesen Stress unter Kontrolle kriegen kannst. Es ist ganz einfach wie per Knopf-druck zur Gelassenheit zurück zu finden.

Was verursacht eigentlich bei Dir den Stress?

* Tägliche Pflichten
* Termine
* Ängste
* Sorgen

Das sind alles Faktoren, die Stress verursachen können, immer wieder, jeden Tag. Mit ein bisschen Übung und der dazugehörigen Gelassenheit ist es nicht schwer, auch in stressigen Situationen wieder zur Ruhe zu kommen. Gelassenheit kann extrem einfach sein, wenn man weiß, wie es geht.

Du kannst in 7 Schritten Gelassenheit lernen und ich werde dir zeigen, wie das funktioniert.

1. Dein erster Schritt muss sein, dass Du Dir Gedanken darüber machst, wer oder was verantwortlich ist für Deine stressige Situation, welche Personen Dich stressen und welche negativen Gedanken in Deinem Kopf kreisen. Wenn Du herausgefunden hast, was Dir Deine Gelassenheit nimmt, erst dann kannst Du sie wiederfinden.

2. Atme einmal richtig durch, denn die Atmung, und das ist wissenschaftlich belegt, ist maßgeblich verantwortlich für den Stresslevel. Es besteht sogar die Möglichkeit, anhand der Atmung den momentanen Gemütszustand zu

messen. Da es möglich ist die Atmung zu kontrollieren, ist es auch immer möglich, dass Du Deinen Gemütszustand kontrollieren kannst.

3. In der Kinesiologie gibt es eine Methode, die Stress reduziert (Stress Release Technik). Hier werden die beiden Stirnpunkte (siehe Abbildung) mit der Hand gehalten, währenddessen man an das Stressthema denkt. Gehalten werden diese Punkte zwei bis fünf Minuten. Diese Übung sitzend oder liegend, in einem ruhigen Raum durchführen.

4. Es gibt nur einen Stressfaktor und dieser bist alleine Du. Wenn Du gestresst bist, dann hast Du dich für diesen Stress entschieden, Du hast ihn zugelassen. Natürlich kann es sein, dass Du jetzt denkst, dass Du doch in einer Ausnahmesituation bist und dass Stress sich in einer solchen Situation gar nicht vermeiden lässt. Blödsinn, denn Du alleine produzierst den Stress. Gelassenheit verändert Dein Leben wie nichts anderes, das musst Du Dir in jeder Stresssituation immer wieder sagen.

5. Schalte einmal Deinen Verstand aus und aktiviere nur Deinen Körper. Probleme lassen sich auch auf körperlicher Ebene lösen. Wie soll das denn funktionieren? Hast Du Zweifel? Ein besonders effektiver Weg um wieder gelassener zu werden ist, wenn Du Deinen Körper wieder richtig aktivierst. Wer körperlich inaktiv ist, der kommt wesentlich schneller in Stresssituationen. Mache Sport, nimm Dir die Zeit. Power Dich einmal so richtig aus. Genau dann ruft die Freiheit Deinen Namen.

6. Du musst die Quelle Deiner Gelassenheit erkennen. Lass einmal so richtig Dampf ab. Das geht am besten mit Sport. Hier kann man sich so richtig auspowern. Egal ob du schwimmen oder Radfahren gehst, welche Art von Sport bleibt Dir überlassen. Mache, was Dir Spaß macht. Du musst selber herausfinden was das ist. Kannst Du besonders gut bei einem Spaziergang entspannen oder doch eher bei Sport. Hilft Dir vielleicht ein guter Film oder ein spannendes Buch? Das weißt Du am besten.

7. Akzeptiere Dinge, die Du sowieso nicht ändern kannst. Diese Dinge sind halt einfach Teil Deines Lebens. Diese Dinge musst Du hinnehmen mit Gelassenheit. Sei ruhig und besonnen. Atme ein paar Mal tief ein und aus und Du wirst merken, diese Dinge sind gar nicht mehr so schlimm wie Du sie anfangs wahrgenommen hast.

Du musst wissen, Dinge und Personen, die gut für Dich sind, schenken Dir immer wieder neue Energie. Andere Dinge und Personen nehmen Dir diese eher. Ich möchte Dir in der folgenden Tabelle nochmals eine Übersicht geben, wenn Du wieder einmal Stress hast. Achte auf diese 6 Tipps und setze sie schnell in Gelassenheit um. Die Freiheit ruft Deinen Namen und mit den richtigen Tipps wesentlich schneller als Du Dir vorstellen kannst.

Übersicht der Tipps, wie Du gelassen sein kannst
Was sorgt für Stress in Deinem Leben, stelle diese Faktoren ab.
Atme richtig ein und aus.
Werde Dir bewusst, dass Du selber der Stressauslöser bist.
Schalte Deinen Verstand aus und aktiviere Deinen Körper.
Erkenne die Quelle Deiner Gelassenheit.
Akzeptiere die Dinge, die Du sowieso nicht ändern kannst.

Nun habe ich noch eine Aufgabe für Dich. Ich möchte, dass Du alles aufschreibst, was für Dich derzeitiger Stress ist, aber auch Situationen, die Stress in Dir hervorrufen.

_____

_____

Jetzt hast du vielleicht einen Punkt oder auch ganz viele Punkte aufgeschrieben, die für Dich ein Auslöser von Stress sind. Diese Auslöser kannst Du Dir immer wieder anschauen, wenn Du einmal wieder in eine Situation gerätst, die für Dich Stress bedeutet.

Ich möchte aber auch, dass Du nun einmal aufschreibst, was Dir immer wieder zu Gelassenheit verhilft. Wie kannst Du Dich am besten entspannen? In welchen Situationen fühlst Du Dich besonders gut oder mit welchen Personen? Wichtig ist, dass Du alles aufschreibst was Dir zur Gelassenheit verhilft, wie Du schnell wieder runter kommst, wenn Du gestresst bist. Schreibe einfach alle Dinge und Personen auf, die Dir gut tun.

Gelassenheit, was verhilft Dir zu dieser?

Gelassene Menschen haben viele Vorteile gegenüber gestressten Menschen.

- Sie müssen seltener zum Arzt und sind somit seltener krank
- Sie treffen ihre Entscheidungen besser und schneller
- Sie bleiben in jeder noch so schwierigen Lage selbstsicher
- Sie sind wesentlich beliebter bei anderen Menschen
- Sie haben mehr Erfolg im Job
- Diese Menschen lassen sich nicht so schnell manipu-

lieren

- Sie können wesentlich besser mit Schicksalsschlägen umgehen
- Sie leben ihr Leben so wie sie es möchten
- Diese Menschen sind einfach glücklicher

Du solltest es jetzt sofort ausprobieren, gelassen zu sein. Du wirst schnell merken, dass Du frei wie ein Vogel bist, dass Du wesentlich weniger Stress hast. Auch andere Menschen werden merken wie Du Dich positiv verändert hast und werden dies zu schätzen wissen.

Das Wort Freiheit verbindet uns mit der unendlichen Weite. Es verbindet uns sogar mit der Quelle und der Unendlichkeit. Es ist nötig, damit Du ganz frei sein kannst, Dich zu befreien von sämtlichen Anhaftungen und Verstrickungen. Die Freiheit ruft Deinen Namen. Immer beginnt die Freiheit bei Dir selbst, in Deinem Inneren. Emotionen, Ereignisse und Situationen, durch die Du Dich eingeschränkt fühlst was Deine Freiheit betrifft, sind nur ein Spiegel, der Dir dabei hilft selbstbewusst zu werden und Du daraus Deine Erkenntnisse ziehen kannst. Schwinge Dich in Dein Inneres. Atme ein paar Mal ganz tief hinein in Dein Herz und lasse, wenn Du ausatmest, all das, was Dich einengt und was Dich gedanklich fesselt, einfach los. Es ist nicht wichtig, dass Du genau benennen kannst, was das alles ist. All das was Dich in Deinem Leben belastet hat, darf nun gehen. Das Leben wird bestimmt von Etiketten, Glaubenssätzen die dazu führen, dass Dir Grenzen gesetzt werden. Diese bieten Dir jedoch auch Sicherheit.

Es ist möglich diese Grenzen zu sprengen. Du kannst lernen, Du selbst zu sein. Du kannst Dich frei machen mit ein wenig Achtsamkeit und förderlichen Routinen. Die Etiketten, Regeln und Glaubenssätze helfen Dir Deine Eindrücke so zu ordnen und zu sortieren, dass Du leichter zurechtkommst in Deinem Leben. Diese Dinge sind wichtig. Dein Gehirn braucht diese Filter, damit es Herr werden kann über die ganze Fülle an Eindrücken. Es ist nicht so einfach die Grenzen zu sprengen, aber durchaus möglich. Das ist Deine Aufgabe, denn die Filter baut sich Dein Gehirn automatisch auf. Dabei achtet es leider nicht darauf, was Dir gut tun könnte und was eher nicht.

Manchmal passieren Dinge in Deinem Leben, die für einen umfassenden Wechsel sorgen. Es kann leicht sein die Grenzen zu verschieben, wenn Du mit Deiner ganzen Überzeugung ans Werk gehst und sich in Deinem Leben und Deinen Einstellungen grundlegende Veränderungen vollzogen haben. Dazu braucht es tiefe Einsicht und Lust auf einen Teil der Welt einmal anders zu schauen. Das setzt aber auch ein wenig Mut voraus. Mut brauchst Du auch, wenn die tiefe Einsicht noch nicht da ist, aber in Dir der Wille Dich zu verändern nagt. Fange an, kleine Schritte zu machen um zu Deinem Ziel zu kommen. In kleinen Schritten kannst Du Deinen Blickwinkel auf Dinge ändern und Angewohnheiten und Glaubenssätze nach und nach ändern. Sicher, Du musst dazu Deine Komfortzone verlassen, was mehr bedeutet als nur Deinen Popo vom Sofa zu erheben. Veränderungen machen Angst, auch wenn sie aus Deinem eigenen Antrieb herauskommen. Doch Du kannst eine Grundlage schaffen, um Dich Deiner eigenen Angst vor Veränderung zu stellen. Um den Mut aus seinem Versteck heraus zu locken und so den Raum zu vergrößern für Deine eigenen Entscheidungen und um Deinen Lebensweg zu finden, brauchst Du Stärke, Präsenz und Achtsamkeit. Das kannst Du üben. Es ist fast wie bei einem Muskel. Wenn Du einen Muskel täglich trainierst, dann wächst er. Drei kleine Routinen können Dir den Start erleichtern.

Deine Sprache ändern

Verändere zunächst einmal Deine Sprache. Mithilfe eines Weckers in Deinem Handy oder einem Zettel an einer gut sichtbaren Stelle kannst Du das trainieren. Der Zettel oder der Wecker erinnern Dich immer wieder daran, dass Du etwas an Deiner Sprache ändern willst und damit auch wirklich beginnst. Du nimmst all die Etiketten, die für Dich sind und auch andere häufiger ganz bewusst wahr. Häufiger wirst Du Dir nun aufmerksamer zuhören, sowohl in Gedanken als auch in Worten, die Du aussprichst. Nehme wahr, wie Du Dich gedanklich entmutigst oder Du Dir nichts zutrauen kannst. Wenn Du Dich dabei ertappst, atme einmal tief durch, lächle Dich an und sage Dir, dass Du so nicht mehr sprechen möchtest. Denke oder sage von nun an sofort etwas Positives. Du wirst merken wie Du nach und nach immer feinfühliger wirst und Deinen Blickwinkel veränderst. Das alleine nur durch Worte und Gedanken, die Du formst.

Grenzen überschreiten

Fange damit an, Dir erst einmal ab und zu mehr Raum zu schaffen, indem Du nach und nach Sätze wie „das geht doch nicht", oder „das darf ich nicht" aus dem Weg räumst. Von nun an überlege Dir jeden Morgen, was Du an diesem Tag gerne tun möchtest, wenn Du tun könntest was Du möchtest. Horche in Dich hinein. Was fühlst Du tief in Deinem Inneren? Gehe dann den ersten Schritt. Ist es Dein Wunsch Dich mit einer Tasse Tee auf den Balkon zu setzen? Dann tue es und schaffe Dir dafür den nötigen Freiraum. Sage bewusst auch nein, wenn Du Dich einmal nicht mit Deiner Freundin treffen möchtest oder eine andere Verpflichtung ansteht, die Du nicht wahrnehmen möchtest. Dich selbst freier zu machen, das ist das Ziel. Gehe jeden Tag einen neuen kleinen Schritt Deiner Sehnsucht entgegen. Nach einiger Zeit hast Du schon eine ganze Menge Schritte getan.

Deine Kraft trainieren

Schaue Dich um nach einer Sportart, mit der Du gleichzeitig Stärke und Achtsamkeit trainierst. Lerne Deine Komfortzone zu verlassen und dennoch ganz bei Dir zu sein. Yoga ist eine gute Möglichkeit beide Dinge zu vereinen. Horche jeden Tag einen Moment in Dich hinein und richte Dich aus. Wie ein Achtsamkeitsmuskel ist das, den Du trainierst neben Deinen anderen körperlichen Muskeln. Die Welt ist bunter als Du sie Dir ausmalst. Viele Grenzen setzt Du Dir selbst. Egal ob es dabei um Deinen Erfolg, die Liebe, Deinen Körper oder was auch immer geht.

Um Dich gefangen zu fühlen brauchst Du nicht einge-
sperrt zu sein. Die Gefangenschaft beginnt in Deinem
Kopf. Dein Gefängnis erschaffst Du Dir selbst. Es ist gar
nicht so schwer Dich zu befreien aus diesem Gefängnis.
Frei zu sein bedeutet, dass Du weißt, wie Du Dein Leben
selbst kreieren kannst und dass Du für Dein Leben selber
verantwortlich bist. Damit Dir das möglich ist, musst Du
manchmal ein paar Dinge aufgeben.

Nicht vergleichen mit anderen

Das Schlimmste, das Du Dir selber antun kannst, ist Dich
mit anderen zu vergleichen. Es wird immer jemanden geben, der aus Deiner Sicht klüger, schöner, gebildeter oder
schlanker ist als Du Dich siehst. Doch auch diese Menschen werden andere in ihren Augen für schöner, klüger
und so weiter halten. Ist es denn wirklich so wichtig. Nein,
denn Du bist einzigartig. Jemand wie Dich gibt es kein
zweites Mal. Deshalb hast Du es gar nicht nötig Dich mit
anderen zu vergleichen. Vergleichst Du Dich mit anderen,
verlierst Du Deine ganz persönlichen Stärken. Du verlierst
das aus den Augen, wofür Du in Deinem Leben dankbar
sein kannst. Du kannst Dich inspirieren lassen von anderen Menschen und sie als Vorbild für Dich nehmen. Dies
aber auch nur dann, wenn Du Deine eigene Großartigkeit
dabei nicht aus den Augen verlierst. Es gibt mit Sicherheit
auch etwas bei Dir, wofür eine andere Person Dich benei-
det.

Mache Dein Glück nicht abgängig von anderen

Es fühlt sich nicht gut an abhängig zu sein. Klar, Abhängigkeit ist ein unnatürlicher Zustand. Sobald Du, um froh zu sein, andere Menschen oder Dinge brauchst, kommst Du in eine Abhängigkeit. Enttäuschen Dich dann diese Menschen oder Du verlierst diese Dinge, bricht Deine Welt zusammen. Stress und Angst werden erzeugt durch Abhängigkeit. Du hast das Gefühl, Dein Glück nicht kontrollieren zu können. Du merkst oft gar nicht, dass eigentlich das über Dich keine Macht hat. Dein Glück ist nicht abhängig von äußeren Faktoren. Dein Glück kommt von innen. Hast Du Dich einmal dafür entschieden Dein Glück zu suchen und es zu finden, kann es Dir nichts und niemand wieder wegnehmen.

Perfekt sein

Kennst Du das auch? Du fängst an mit Dingen, wirst damit aber nicht fertig? Du brichst es vielleicht sogar wieder komplett ab, weil Du mit dem, was Du gemacht hast, nicht zufrieden bist? Dir ist es nicht gut genug, weil es in Deinen Augen nicht perfekt ist? Ist es nicht perfekt, werden die anderen es auch nicht mögen.
Selbstzweifel sind der Auslöser für Perfektionismus. Du hast Angst davor nicht akzeptiert zu werden von den anderen oder du hast vielleicht sogar Angst, dass Du ausgelacht wirst. Perfektionismus macht Dich unglücklich, denn Du wirst scheitern an der Perfektion. Du setzt Dir ein Ziel, von dem Du eigentlich schon beim Entschluss dazu weißt, dass Du es nie erreichen wirst. Eines der befreiendsten

Dinge die Du tun kannst ist es, den Perfektionismus auf-
zugeben. Insbesondere dann, wenn Du bemerkst, dass es
gar nicht so schlimm ist nicht perfekt zu sein.

Klammern

Lasse Menschen und Dinge los, wenn sie Dir nicht gut tun
oder die Zeit gekommen ist, sie gehen zu lassen. Sich von
etwas zu trennen ist nicht immer leicht. Erinnerungen sind
damit verbunden und sie sind ein Andenken. Es geht um
Entwicklung und Ausdehnung im Leben sowie um den
Fluss. Manchmal ist es einfach besser loszulassen, damit
Du nicht stecken bleibst und damit Du weiter vorwärts-
kommen kannst. Alles andere wird Dich einsperren. Frei
sein kannst Du nur, wenn Du mit dem Leben fließt.

Zu viel denken

Denkst Du zu viel, sperrst Du Dich selbst in Deinem Kopf
ein. Du erzeugst damit Probleme, die gar nicht da sind.
Du hast vor Situationen Angst, zu denen es niemals kommen wird. Du erzeugst Gespräche, zu denen es nie kommen wird. Du analysierst die Vergangenheit, obwohl es
Dir nicht möglich ist sie zu ändern. Höre damit auf Dir
den Kopf zu zerbrechen und bis ins kleinste Detail alles zu
analysieren. Legst Du das ab, macht es Dich frei.
Nicht auf alles eine Antwort zu haben ist völlig in Ordnung und auch völlig in Ordnung ist es, nicht immer auf
alles vorbereitet zu sein. Das Leben macht sich ohnehin
seine eigenen Pläne. Dafür solltest Du eigentlich dankbar
sein. Es ist nicht Deine Aufgabe alles durchzuplanen bis

ins kleinste Detail. Lasse los und genieße das Hier und Jetzt. Dies sollte Deine Aufgabe sein. Du musst lernen zu vertrauen und weniger zu denken. Plötzlich lebst Du aus Deinem Herzen heraus und nicht aus Deinem Kopf. Wie es sich anfühlt immer mehr Du selbst zu werden, das wirst Du bald fühlen.

Kapitel 33 - Alles macht Sinn, wenn Du daran glaubst

Egal was in Deinem Leben passiert, es macht Sinn, doch Du musst auch daran glauben. Es gibt nichts in Deinem Leben, was keinen Sinn macht. Manche Menschen glauben daran, dass das Leben vorbestimmt ist und jede Situation bereits festgelegt ist. Vielleicht stimmt das sogar, doch Du kannst Dein Leben in die richtige Richtung lenken. Du bist für Dich und Dein Leben ganz alleine verantwortlich. Nur du kannst Dein Leben so bestimmen, dass Du sagen kannst, dass Du glücklich bist so wie Dein Leben verläuft.

„Ja, aber ich kann doch nichts für die eingetretene Situation. Ich habe diese nicht hervorgerufen. Ich bin nicht verantwortlich." So oder so ähnlich könntest Du jetzt denken. Das mag sein oder auch nicht. Es ist auch völlig egal, ob Du Schuld an der Situation bist oder eine andere Person, denn Du wurdest mit ihr konfrontiert und Du musst nun zusehen, dass Du aus dieser Situation herauskommst. Du hast Angst und vielleicht auch keinen Mut, Dich der Situation zu stellen? So geht es vielen Menschen, doch jetzt ist es an der Zeit, dass Du alles das, was Du in diesem Buch gelesen hast umsetzt. Vielleicht ist es die Gelegenheit Dir selber zu beweisen, dass Du verstanden hast, dass die Freiheit Deinen Namen gerufen hat.

Du bist in einer schweren Situation, wie gehst Du als erstes vor? Schreibe das Gelernte auf:

1. Punkt: _____

2. Punkt: _____

3. Punkt: _____

4. Punkt: _____

5. Punkt: _____

6. Punkt: _____

Vielleicht fällt Dir auch noch mehr ein wie Du aus Deiner Situation herauskommen kannst. Steh jetzt auf und nicht erst morgen oder nächste Woche oder nächstes Jahr. Erledige unangenehme Dinge immer sofort, dann bereiten Dir diese keine Kopfschmerzen mehr.

Ich habe nun noch ein paar Aufgaben mehr für Dich, wie Du am besten innere Stärke erlangen kannst und Krisen besser überstehen. Wichtig ist, dass Du Dir für jede Aufgabe ausreichend Zeit nimmst. Sei ehrlich zu Sir selbst und vergiss nicht, dass die Freiheit Deinen Namen ruft.

Nenne die Probleme beim Namen. Du kennst Deine Probleme und Sorgen, doch es ist immer hilfreich, wenn Du diese aufschreibst. Manchmal fallen einem direkt Lösun-

gen während des Schreibens ein und man ist schon mindestens eines seiner Probleme losgeworden.

_____

_____

Na, wie fühlst Du Dich nachdem Du Dir alles von der Seele geschrieben hast? Sicherlich wesentlich befreiter, oder?
Auch wenn Du noch zu keiner Lösung gekommen bist, so
bist Du doch erst mal erleichtert. Doch jetzt geht es gleich
weiter mit der nächsten Aufgabe.

Welchen Belastungen bist Du gerade ausgesetzt, was lässt
Dich nicht zur Ruhe kommen?

_____

_____

Welche Probleme denkst Du könnten in nächster Zeit auf Dich zukommen?

_____

_____

Welche körperlichen Reaktionen spürst Du, wenn Du in stressige Situationen gerätst?

_____

_____

Welche Bedürfnisse werden zureit bei Dir nicht gestillt?

_____

_____

Was kannst Du unternehmen, damit genau diese Bedürfnisse gestillt werden?

_____

_____

Welche Qualitäten hast Du, wenn Du mit schwierigen Situationen umgehen musst?

_____

_____

Jetzt hast Du ja schon einige Fragen beantwortet. Vielleicht gönnst Du dir nun eine kleine Pause. Vielleicht ruhst Du dich ein bisschen aus und atmest ein paarmal ein und aus, denn gleich geht es weiter. Einige Fragen erwarten Dich noch. Wie fühlst Du dich gerade, nachdem Du schon fleißig einige Deiner Gefühle aufgeschrieben hast. Bist Du befreiter oder fühlst Du Dich eher erschöpft? Ich hoffe, dass jeder Satz, den Du geschrieben hast für Dich ein bisschen mehr Freiheit bedeutet hat. Hast Du verstanden, dass die Freiheit Deinen Namen gerufen hat?

Die nächsten Fragen warten bereits auf Dich. Bist Du bereit?

Was schätzt Du besonders an Deinem Umfeld, an Menschen in Deiner Umgebung?

_____

_____

Welche Dinge möchtest Du gerne verändern und abschütteln?

_____

_____

Was musst Du die nächsten Tage noch erledigen?

_____

_____

Was möchtest Du in den nächsten Tagen von diesen Aufgaben erledigen?

_____

_____

Welche Werte oder Charakterzüge sind Dir bei anderen Menschen wichtig?

_____

_____

Ein „Hätte ich das anders gemacht, wäre das nicht passiert", gibt es nicht. Das was passiert ist, ist das einzige, was passieren konnte. Damit Du Deine Lektion lernst musste es passieren. Es hilft Dir dabei vorwärts zu kommen. Alle Situationen, jede einzelne von ihnen, die Dir widerfahren sind in Deinem Leben, sind absolut perfekt auch wenn sich Dein Verstand und Dein Ego dem widersetzt und das absolut nicht akzeptieren wollen. Es geht nicht darum wie es passiert und warum es passiert und schon gar nicht darum, was wir anders hätten machen können. Das ist einfach wunderbar tröstlich und es ist beruhigend, dass wir daran erinnert werden. Es passiert und es wäre sowieso passiert. Anders hätte es gar nicht laufen können.

Das was geschieht, geschieht deshalb, weil es Dir die Gelegenheit schenkt, Bereiche und Fähigkeiten Deiner Seele zu entwickeln, für die die Zeit bisher noch nicht da war. "Die Freiheit ruft Deinen Namen" Der richtige Moment ist jetzt und nun gilt es diesen für Dich zu nutzen. Es braucht manchmal ein bisschen Zeit bis Du es erkennst. Doch wenn es soweit ist, dann hast Du den ersten Schritt getan in eine neue Dimension des Lebens und des Liebens. Du begegnest plötzlich einem Menschen und Dir ist sofort klar, dass es einen bestimmten Grund hat warum er in Dein Leben getreten ist, dass er einen bestimmten Zweck erfüllt, Dich eine Lektion im Leben lehrt oder Dir vielleicht dabei helfen soll herauszufinden, was für ein Mensch Du bist und was für ein Mensch Du sein möchtest. Manchmal passieren auch Dinge, die zwar zunächst einmal schrecklich, unfair oder schmerzhaft für Dich sind. Doch wenn Du dann einmal genau darüber nachdenkst merkst Du plötzlich, dass Du, hättest Du diese Hindernisse nicht bewältigt, niemals Deine Stärke, Deine Willenskraft und Dein Potential und Deine Liebe so hättest verwirklichen können. Nichts passiert einfach so oder einfach aufgrund von Krankheit, glücklichen Umständen, Liebe oder Verletzungen. Menschen, die Du triffst und Dein Leben beeinflussen, die Niederlagen und der Erfolg, der Dir beschieden ist, sind eine Hilfe für Dich so zu erschaffen wie Du wirklich bist und wie Du sein wirst. Aus schlechten Erfahrungen lässt sich sogar etwas lernen. Dies sind tatsächlich die wichtigsten sowie stärksten Lektionen in Deinem Leben. Hat Dich jemand verletzt, hat Dich jemand betrogen oder bricht Dir jemand Dein Herz, dann vergebe ihm. Denn er hat Dir geholfen eine Lektion zu lernen und Vertrauen aufzubauen. Er hat Dir mit seinem Verhalten gezeigt, dass aufmerksam zu sein ganz wichtig ist, wenn Du vor hast Dein Herz zu öffnen. Lieben Dich Menschen, gib ihnen diese bedingungslose Liebe zurück. Schenke ihnen Deine bedingungslose Liebe nicht nur wegen ihrer Liebe zu Dir sondern auch weil sie Dich gelehrt haben, lieben zu können und Deine Augen und Dein Herz für die Welt zu öffnen.

Jeden Tag solltest Du nutzen. Nimm jeden Augenblick so bewusst wahr wie möglich und nehme ihn an. Dieser Moment wird so nie wiederkommen. Es lohnt sich gelegentlich nicht zu planen und auch nichts zu erwarten. Höre auf bei allem was um Dich herum geschieht nach einem Grund zu suchen. Höre auf zu hoffen, dass Deine eigenen Erwartungen und Pläne von der Welt erfüllt werden. Akzeptierst Du es, dass manchmal Dinge einfach passieren, stehen Dir viele neue Möglichkeiten offen, Dein Leben zu betrachten und zu genießen und aus einer angenehmeren Perspektive zu betrachten. Diese ist auch viel gesünder für Dein Wohlergehen. Deine Situation ist das Produkt Deiner Umstände und Deiner Sehnsüchte. Manchmal sind diese aber nicht kompatibel miteinander oder es fällt Dir schwer, mit den Konsequenzen daraus fertig zu werden. Sich um etwas zu sorgen, das man ohnehin nicht lösen kann, ist vergebene Liebesmüh. Doch manchmal fällt es schwer zu akzeptieren, dass man loslassen muss um ruhig zu bleiben. Versuche daher zu verinnerlichen, dass es Dinge gibt, die Du nicht kontrollieren kannst, dass Du das Leben auch mal fließen lassen musst und die Umstände, die gerade bei Dir vorherrschen, akzeptieren musst. Steine, über die Du gestolpert bist, Kratzer, die nicht heilen wollen, ist das was wir sind, was wir verdauen müssen. Du bist nicht nur Freude, die Tatsachen, die Dich umgeben, nicht nur Dein Lächeln, sondern Du bist auch die Lügen, die Dir andere erzählt haben und die, die Du Dir selbst erzählst.

Kapitel 34 - Du bist nur gewöhnlich, wenn Du Dir das einredest

Viele Menschen denken, dass sie nichts Besonderes sind, dass sie gewöhnlich sind, doch warum denken solche Menschen so? Gibt es andere Menschen, die einem das einreden? Redet man sich das selber ein? Oder hat man es niemals anders kennengelernt? Die Möglichkeiten sind hier sehr zahlreich und eigentlich ist es völlig egal, ob man so von sich denkt oder andere so denken, denn niemand ist gewöhnlich. Jeder Mensch ist etwas ganz Besonderes, jeder Mensch ist einzigartig und jeder Mensch hat Dinge an sich, die andere Menschen lieben. Natürlich gib es auch Dinge, die andere Menschen an einem nicht leiden können, aber wenn Du diese Dinge an Dir akzeptiert hast, dann herzlichen Glückwunsch.

In einem Buch habe ich mal folgenden Satz gelesen und ich finde, dass dieser absolut zutreffend ist:

Wenn ich loslasse, was ich bin, werde ich, was ich sein könnte. Wenn ich loslasse, was ich habe, bekomme ich, was ich brauche.

Viele Menschen leben ihr Leben lang jeden Tag so, indem sie die Vergangenheit immer wieder wiederholen, wie man es von einer Ameise her kennt. Um außer-gewöhnlich erfolgreich zu sein, benötigt jeder Mensch jedoch persönliches Wachstum und ebenso ein stabiles Fundament.

Welches stabile Fundament ist hier gemeint? Dieses Fundament ist Deine eigene Persönlichkeit.

Erst wenn ich genau weiß, wer ich bin, warum ich hier bin, was ich wirklich möchte und wie ich authentisch mein Leben gestalte, kann ich auf diesem Fundament Großes bauen. Ohne das richtige Fundament entspannt erfolgreich zu sein und dem eigenen Lebensfluss zu folgen ist fast unmöglich.

Vielleicht fragst Du Dich jetzt wie man loslässt, wie man ein anderer Mensch werden kann und wie Du bekommst was Du im Leben brauchst? Na, habe ich Recht, hast Du Dir gerade genau diese Fragen gestellt? Glaube mir diese Fragen oder ähnliche habe ich mir bereits sehr oft im Leben gestellt und ich habe viele Rückschläge einstecken müssen, aber irgendwann habe ich gehört, wie die Freiheit meinen Namen gerufen hat. Ich habe es geschafft loszulassen, bin geworden was ich immer sein wollte und habe nun was ich im Leben brauche.

Was denkst Du, was Du im Leben am meisten brauchst, damit Du glücklich bist? Schreibe einmal 5 Punkte auf, auf die Du nach Deiner Meinung nach nicht verzichten kannst. Hast Du das gemacht möchte ich, dass Du noch weitere Punkte aufschreibst, von denen Du glaubst in Deinem Leben nicht zu brauchen. Das können Menschen, Dinge, aber auch andere Sachen sein, die Dich vielleicht belasten.

Diese Dinge brauche ich in meinem Leben besonders dringend

Diese Dinge brauche ich in meinem Leben überhaupt nicht mehr

Jetzt habe ich noch einen weiteren Punkt für Dich, den Punkt der Unsicherheit. Es gibt bestimmt Dinge in Deinem Leben von denen Du noch nicht sicher bist, ob Du diese noch brauchst oder Dich von ihnen trennen kannst. Dinge oder Personen, denen Du vielleicht noch eine Chance geben möchtest.

Diesen Dingen oder Personen möchte ich noch eine Chance geben

Ich bin davon überzeugt, dass Du bei einigen Dingen eine schnelle Entscheidung getroffen hast und bei anderen Dingen Dir gar nicht so sicher warsts in welche Tabelle Du sie schreiben sollst. Kein Problem, Du kannst dich immer noch anders entscheiden.

Die Dinge oder Personen, darin Du dir zu 100% sicher warst, dass sie Dir nicht gut tun, dass Du auf sie verzichten kannst, von denen solltest Du dich trennen. Ich weiß, sich von einer Person zu trennen ist nicht immer ganz einfach, manchmal reicht es auch sich einfach zurück zu ziehen. Irgendwann meldet sich die andere Person nicht mehr. Aber dieser Weg ist doch wohl eher belastend, denn man bekommt ein schlechtes Gewissen, man fühlt sich unwohl und irgendwann meldet sich genau diese Person und macht einem Vorwürfe. Gehe den direkten geraden Weg, sprich mit dieser Person und sage ihr, dass Du ein bisschen Abstand haben möchtest, egal ob es sich hierbei um Freunde, die Familie oder den eigenen Partner handelt. Sollte dies jedoch im Berufsleben der Fall sein, so kann man nicht immer auf Abstand gehen. Hier musst Du entweder die Person ertragen, kündigen oder ein klärendes Gespräch führen. Es ist aber sehr schwer, mit einer bestimmten Person ein Gespräch zu führen, davon könnte Deine Existenz abhängen? Dein Partner könnte sich von Dir trennen?

Es könnte immer und zu jeder Zeit sich eine Situation auftun, der Du nicht gewachsen bist, aber bevor es Dir schlecht geht, bevor Du nachts nicht mehr schlafen kannst und bevor Du Magenschmerzen bekommst solltest Du mit der Person, die Dich so runter zieht sprechen. Ich habe mir zur Faustregel gemacht, ein „Nein" habe ich und ein „Ja" kann ich mir holen. Manche Personen reagieren ganz anders als man denken mag.

Vielleicht machst Du Dir einen Plan, was Du der Person sagen möchtest, schreibe vorher alles auf oder mache Dir Stichpunkte und lese Dir diese mehrmals durch. So kannst Du nichts vergessen und manchmal fällt Dir noch ein bisschen was mehr ein.

_____

_____

Habe keine Angst vor Veränderungen und denke immer daran, Du bist nicht gewöhnlich, also rede es Dir nicht ein. Möchtest Du etwas verändern, so mache niemals den Fehler, Dich für unterschiedliche Wege zu entscheiden, sondern gehe immer nur einen Weg. Solltest Du merken, dass dieser Weg doch nicht der richtige ist, so kannst Du noch einmal einen anderen Weg einschlagen, aber ändere nicht immer wieder Deine Meinung. Du könntest ansonsten Dein Ziel aus den Augen verlieren. Du könntest am Ende versagen, weil die Unsicherheit wieder gesiegt hat.

Hast Du noch einen kleinen Augenblick Zeit? Ich habe einige Fragen an Dich, es wäre schön, wenn Du diese noch beantworten könntest.

Wovon träumst Du immer wieder?

_____

_____

Was ist Dir im Leben besonders wertvoll?

_____

_____

Welche Grenzen möchtest Du erweitern?

_____

_____

Schreibe Deine Vision vom Leben auf

_____

_____

Was möchtest Du eigentlich wirklich?

_____

_____

Wer ist in Deinem Leben die Nummer 1?

_____

_____

Du bist was Du sagst. Dein Gehirn ist nicht dazu da Dich glücklich zu machen. Du bist wütend und verfluchst es, weil Du Dich schlecht fühlst, weil Du negative Gedanken hast. Deine Energie liegt immer in Deinem Fokus. Bist Du Dir darüber im Klaren, kannst Du mit der Situation anders umgehen. Dein Gehirn ist dazu da, Lösungen zu finden. Auf alle Fragen, die Du Deinem Gehirn stellst, findet es eine Antwort. Ob Du Dich aufgrund der Antwort gut oder schlecht fühlst, interessiert Dein Gehirn nicht. In Emotionen denkt Dein Gehirn nicht. Es ist dafür gedacht, nach Lösungen zu suchen. Stellst Du keine Fragen, sucht es für Dich auch nicht nach Antworten. Passt etwas in Deiner Außenwelt nicht damit zusammen was Du sagst, kann es dies nicht in Einklang bringen. Das Zusammenspiel ist dermaßen furchtbar und widerspricht sich so sehr, dass

Dein Gehirn versucht eine neue Lösung zu finden. Die eine Seite muss sich der anderen anpassen, um die Dissonanz zu beenden. Denn das Gehirn kann die Dissonanz nicht aushalten. Deshalb kümmert es sich darum das Gedachte oder Gesagte mit der Realität wieder in Einklang zu bringen. Um dies zu ändern schaue Dir einmal genauer an, was es für Fragen sind, die Du Dir in Deinem Leben stellst. Schreibe auf einem Blatt Papier die Frage wortwörtlich auf, die Du Dir jetzt gerade aktuell in Deinem Leben immer wieder stellst.

Im Anschluss überlegst Du Dir, was Dein Gehirn bisher als Antwort auf die Frage gefunden hat oder wie die Antworten aussehen, die es finden könnte, egal ob Dir die Antworten gefallen oder nicht. Das Gehirn sucht nach der

Antwort, die am nahe liegendsten ist. Gedanken, die Du häufig denkst, sind die, die zur Gewohnheit werden. Sie setzen sich extrem fest. Was ihr Ziel ist, findest Du mit dem Schlüssel „Du machst da schon immer so", heraus. Wichtig ist nun erst einmal, dass Du bezogen auf die Gedanken, die Du Dir häufig stellst, möglichst ganz ehrlich für Dich beantwortest, welche Antworten das Gehirn für Dich wohl gefunden hätten. „Die Freiheit ruft Deinen Namen".

So Komplex Dein Gehirn auch ist, in der Hinsicht ist es leicht durchschaubar. Lösungen wird es finden. Gefallen Dir die Lösungen gerade nicht, die Du gesucht hast für Deine Frage und bringt Dich die Lösung nicht weiter, dann versuche Deine Frage anders zu stellen. Es kann hilfreich sein, die Ob-Fragen in Wie-Fragen umzuwandeln. Du fragst Dich also nicht mehr ob Du das schaffen kannst, sondern wie Du das schaffen kannst. Ein wenig mehr anstrengen muss sich so Dein Gehirn. Es ist nun gefordert nicht eine einfache Ja/Nein Antwort zu finden, sondern es muss eine praktische Lösung finden. Fragst Du Dich wie Du etwas schaffst, wird Dein Gehirn für neue Lösungswege offen. Dabei schaut es in verschiedene Richtungen. Optimisten wollen genau das. Nach verschiedenen Lösungen suchen die Optimisten um sich entscheiden zu können für eine Lösung und diese dann auch ausprobieren wollen. Führt dieser Weg nicht zum gewünschten Erfolg, schlägt der Optimist einen anderen Weg ein, denn sie haben die Möglichkeit zu wählen. Sie wissen, dass sie ihr Ziel erreichen. Denke Dich dahin, wo Du stehen möchtest, sonst werden Deine Welt um Dich und Deine Gedanken sich angleichen. Deine Gedanken haben eine außergewöhnliche Kraft. Du hast den Schlüssel dafür, der dafür sorgt, dass Du Dich daran immer erinnerst. Ihr Einfluss auf Dein Leben ist nicht nur zweitrangig, sie bestimmen Dein Leben sogar. Das was Du bist wirst Du durch Deine Worte und Deine Gedanken über Dich selbst. Der Mensch der Du heute bist, das bist Du aufgrund Deiner Worte und Gedanken, die Du über Dich selber sagst und dessen, was andere über Dich sagen. Das kannst Du zu Deinen Gunsten nutzen. Es war möglich Dich selber durch bestimmte Gedanken an den Punkt zu bringen, an dem Du heute stehst. Also ist es auch möglich, dass Du Dich durch andere Fragen in eine andere Richtung lenkst.

Du musst Dich darauf konzentrieren, dir selber die Fragen Deines Lebens in der Weise zu stellen, dass die Antworten, die Dein Gehirn darauf findet, in die Richtung gehen, in die Du gehen willst. Du wirst zu dem, was Du zu Dir selber sagst. Überlege Dir genau, wie Du als Mensch sein möchtest und handle dementsprechend. Denke darüber nach, wie diese Person denken würde, wie sie sprechen würde mit anderen Menschen, welches Auftreten sie hat, wie sie sich kleidet. Visualisiere ganz genau ihren Gesichtsausdruck. Welche Menschen hat diese Person um sich herum? Was macht sie die meiste Zeit vom Tag? Wie es mit den negativen Gedanken, die Dich in eine Abwärtsspirale ziehen, so funktioniert es auch mit den positiven Gedanken. An den Punkt, an den Du kommen möchtest, an den denke Dich hin. Benehme Dich jetzt schon wie die Person, die Du einmal sein möchtest. Nach einiger Zeit wirst Du zu dieser Person. Du kannst Dein Schicksal beeinflussen durch die Wahl Deiner Gedanken und Deiner Handlungen. „Die Freiheit ruft Deinen Namen" Handelst Du ab sofort so wie die Person, die Du sein möchtest, zwingst Du Dein Gehirn dazu, die Dissonanz zu beseitigen, die herrscht zwischen der Innenwelt und der Außenwelt. Du machst Dich so schon so selber zu dem Menschen, der Du einmal sein möchtest. Dein neues Ich fällt natürlich nicht vom Himmel damit Du ihm vorwurfsvoll entgegen treten kannst, um ihm zu sagen: „ich habe auf dich gewartet. Hättest auch schon mal eher zu mir kommen können". Du selbst kreierst die Person, die Du ab jetzt sein möchtest. Was Du aus Deiner Person machst, darauf hast alleine Du selbst Einfluss. Vor allem hast Du alleine Einfluss darauf wie schnell es Dir gelingt ein erfülltes und glückliches Leben zu führen.

Kapitel 35 - Akzeptiere wer Du bist und folge der Freiheit

Akzeptierst Du mittlerweile wer Du bist? Hast Du es geschafft der Freiheit zu folgen?

Sicherlich hast Du auch eine eigene Geschichte, eine Geschichte, die Dich geprägt hat. Wie wäre es, wenn Du diese Geschichte einmal aufschreiben würdest. Wenn Du alles aufschreibst was passiert ist, was für Dich als schreckliches Ereignis gewertet wird, aber auch alles, was Dir Freude gemacht hat. Sicherlich musst Du Dir hierfür ein bisschen Zeit nehmen, das wird nicht über Nacht funktionieren. Lege jetzt los! Jetzt sind wir schon fast am Ende von diesem Buch angekommen und ich hoffe sehr, dass ich es geschafft habe, dass die Freiheit auch Deinen Namen gerufen hat. Ich möchte mich jedoch nicht einfach so von Dir verabschieden. Ich möchte Dir noch einen Monatskalender mit auf den Weg geben. Ich habe zum Schluss noch 31 Aufgaben für Dich, Aufgaben für jeden Tag eine.

Tag 1:

Wie würde ich mein Leben leben, wenn ich unbeobachtet wäre?

Tag 2:

Welche Werte möchtest ich einmal an meine Kinder weitergeben?

Tag 3:

Was hat mich als Kind immer wieder fasziniert?

Tag 4:

Worüber kann ich mich besonders aufregen?

Tag 5:

Was ist mir in meinem Leben besonders wichtig?

Tag 6:

Welches Leitprinzip habe ich in meinem Leben?

Tag 7:

Was würde ich total vermissen, wenn ich es nicht mehr hätte?

Tag 8:

Wenn ich 3 Dinge verändern könnte, welche wären das?

Tag 9:

Was wünsche ich mir von anderen Menschen?

Tag 10:

Welche Dinge möchte ich selbst mit in den Tod nehmen (Grabrede)?

Tag 11:

Was möchte ich für ein Vater/eine Mutter oder eine Tochter/
ein Sohn sein?

Tag 12:

Mit welchen Geschichten möchte ich in Erinnerung bleiben?

Tag 13:

Was möchte ich ändern, um anderen Menschen zu helfen?

Tag 14:

Wofür möchte ich kämpfen?

Tag 15:

Verlange ich zu viel oder zu wenig von mir?

Tag 16:

Gehe ich meinen eigenen Weg oder folge ich anderen?

Tag 17:

Wo möchte ich mein Leben verbringen?

Tag 18:

Warum mache ich manche Dinge anders als andere?

Tag 19:

Welche Meinungen kann ich ignorieren?

Tag 20:

Was stört mich schon lange?

Tag 21:

Von wem oder was werde ich immer wieder beeinflusst?

Tag 22:

Was versetzt mich in innere Unruhe?

Tag 23:

Was ist jetzt an der Zeit zu ändern?

Tag 24:

Wie oft gehe ich meinem Hobby, meiner Leidenschaft nach?

Tag 25:

Wie viel Zeit verbringe ich mit unangenehmen Dingen?

Tag 26:

Würde ich einen ganz bestimmten Gegenstand vermissen, wenn er nicht mehr da wäre?

Tag 27:

Was glaube ich ist meine Bestimmung?

Tag 28:

Wie manage ich meine tägliche Zeit?

Tag 29:

Welche Stärken habe ich?

Tag 30:

Welche Schwächen habe ich?

Tag 31:

Welche Ziele habe ich gerade jetzt vor Augen?

Ich hoffe Du hast den Sinn des Lebens verstanden und weißt nun, wie Du Deine Ängste unter Kontrolle bringen kannst und wann es Zeit ist mutig zu sein. Die Freiheit ruft Deinen Namen, vergiss dies niemals.

Du siehst auf einmal alles in einem anderen Licht, wenn Du Dich akzeptierst so wie Du bist. Der Grundstein, damit Du Dich gesund und glücklich fühlen kannst, ist die Selbstachtung. Den eigenen Selbstwert zu erkennen ist aber nicht immer so einfach. Als allererstes lerne Dich zu akzeptieren so wie Du bist. Dies kann eine schwierige Aufgabe sein. Leider macht es die Welt, in der wir leben, uns nicht immer einfacher. Du tust so als ginge es Dir gut. Du verhältst Dich so, damit andere Dich akzeptieren. Du hast Angst ausgelacht zu werden. Kennst Du das? Das alles hat zur Folge, dass Du überfordert bist, irgendwann.

Du bist nicht Du selbst, das ist der Grund dafür. Höre auf Deine innere Stimme und akzeptiere Dich. Wie willst Du herausfinden, was Dein Wille ist, wenn Du nicht in Dich hinein hörst. Wenn Du Deine inneren Hilferufe ignorierst, kann das der Anfang sein für einen schmerzhaften Weg. Möchtest Du manchmal „Nein" sagen, wenn Dich jemand um etwas bittet, machst es aber nicht? Du hast Angst schlecht dazustehen oder dass andere Dich abwerten und tust deshalb etwas, was Du gar nicht tun möchtest, damit Du Dich nicht schuldig fühlen musst. Vielleicht denkst Du auch einmal so zu handeln, das ist ja nicht schlimm. Doch was ist, wenn Du nicht von Beginn an genau das machst, was Du machen willst oder was Du eben nicht machen willst. So kommt es immer wieder. Es kann sein, dass Du das Gefühl hast, andere wollen Dich nur ausnutzen. Oder Du könntest manches Mal den Eindruck bekommen, Du bist überfordert mit all Deinen Aufgaben und den Terminen. Jedes „Ja" mehr macht es für Dich schwieriger, dass Du irgendwann einmal ein ehrliches mit Nachdruck verbundenes „Nein" sagen kannst. Akzeptiere Deine Fehler.

Du brauchst keine Angst davor zu haben. Es ist Dein gutes Recht mitzuteilen, wie Du Dich gerade fühlst und Du hast alles Recht der Welt zu schauen, dass Deine Wünsche in Erfüllung gehen. Deine Angst, die Du in Dir spürst, ist unbegründet. An erster Stelle steht Dein eigenes Wohlbefinden. Blickst Du zurück siehst Du vielleicht als erstes die Fehler, die Du gemacht hast und Deine Unzulänglichkeiten. Doch es gibt auch jede Menge Momente, in denen

Du viel Positives erlebt hast und Erfolg hattest. Weshalb lenkst Du so viel Aufmerksamkeit auf die Momente in Deinem Leben, wodurch Du Dich schlecht fühlst. Fehler sind auch Möglichkeiten etwas zu lernen. Du kannst Wertvolles lernen aus den schlechten Erfahrungen, die Du gemacht hast. Akzeptiere Dich wie Du bist, gehe nicht so hart mit Dir ins Gericht. Das hast Du nicht verdient. Es ist auch nicht alles nur negativ. Es lässt sich aus jeder Erfahrung, die Du gemacht hast, auch etwas Positives mitnehmen. „Die Freiheit ruft Deinen Namen"

Deine Einzigartigkeit

Bist Du authentisch, dann bist Du auf dieser Welt einzigartig. Was den Menschen, die eine starke Persönlichkeit haben, an Dir gefällt ist genau das. Vergleiche Dich nicht mit anderen. Das ist ganz wichtig. Ein Mensch, der einzigartig ist, kann sich gar nicht vergleichen mit anderen. Das ist der Grund, weshalb diese Menschen die Talente, Fähigkeiten, ihre Persönlichkeit und ihre Art wie sie sind nicht mit anderen Menschen vergleichen. Es ist reine Zeitverschwendung. Vergleichen mit anderen wirkt sich auch negativ auf Dein Selbstwertgefühl aus. Vergleichst Du Dich zu oft mit anderen, verletzt Du damit Dein Selbstwertgefühl. Die Auswirkungen daraus machen es schwieriger, Dein Selbstwertgefühl wieder aufzubauen.

Beginne zu lernen Dich mit allen Deinen Stärken und Schwächen zu akzeptieren. Es gilt Deine Talente zu betonen. Deine natürlichen Fähigkeiten solltest Du zum Ausdruck bringen. Mache das besonders in Deinem sozialen Umfeld, in dem Du Dich aufhältst, genau da wo sich normalerweise Angst breit macht bei Dir, abgewertet zu werden von anderen.

Hast Du spontan Lust zu lachen, dann lache aus vollem Herzen. Ist Dir gerade danach einen Witz zu erzählen, erzähle ihn. Auf all das, was Dich glücklich macht und womit Du Dich identifizieren kannst, solltest Du stolz sein. Es gibt keinen Grund Dich zu verstecken.

Du musst nichts vortäuschen. Versuche gar nicht erst so

zu sein wie ein anderer. Mache es einfach genauso wie die Menschen, die authentisch sind und die Du bewunderst. Gib Deinen Fähigkeiten Raum zu strahlen, egal ob andere darüber schockiert sind oder überrascht. Lasse Dich von diesen Reaktionen nicht davon abhalten. Du brauchst überhaupt keine Angst zu haben.

Fange damit an, Dich so zu akzeptieren und so anzunehmen wie Du wirklich bist, denn dann rufst Du den Namen der Freiheit!

Ein frommer und religiöser Mann hatte schwere Zeiten durchzumachen. Er versuchte es nun mit folgendem

Gebet: Herr, erinnere dich an all die Jahre, in denen ich dir diente. Nun da ich alt und bankrott bin, möchte ich dich zum ersten Mal in meinem Leben um eine Gunst bitten, und ich bin sicher, du wirst sie nicht abschlagen: Lass mich in der Lotterie gewinnen."

Tage vergingen, dann Wochen und Monate. Nichts geschah. Schließlich rief er eines Nachts voller Verzweiflung: Warum gibt du mir keine Chance, Gott?"

Plötzlich hörte er die Stimme Gottes: „Gib mir auch eine Chance" Warum kaufst du dir kein Los?"

Quelle: Warum der Schäfer jedes Wetter liebt.